2015 개정
교육과정

新 수학의 바이블 유형서

B
B
B 밥

수학의 밥과 같은 존재,
유형!

이창희·민경도·김덕환 지음

확률과 통계

내신&수능에 출제되는 **필수 유형만 수록** | **개념 ▶ 유형 ▶ 실력** 3단계 콕콕 시스템

이투스북

BOB 확률과 통계 검토에 도움을 주신 분들

서울
강지훈
김명후
김형진
선 철
이성용
최영준

부산
송상근
엄희동
조준혁
조태완

대구
김동영
류민숙

성웅경
송기석
이승훈
이재호

인천
박종필
이수동

광주
김은경
양귀제

경기
고수환
김재빈
민동건
박화자

배정혜
정장선
조성민
조성화
조재욱
한규욱

경상
박수재
이윤정

전라
나호진
성준우
유현수

충청
장정수

확률과 통계

<table>
<tr><td>집필진</td><td>이창희</td><td>서울대학교 수학교육과</td></tr>
<tr><td></td><td>민경도</td><td>서울대학교 수학교육과</td></tr>
<tr><td></td><td>김덕환</td><td>서울대학교 수학교육과</td></tr>
</table>

<table>
<tr><td>STAFF</td><td>발행인</td><td>김형중</td></tr>
<tr><td></td><td>컨텐츠사업부문 총괄</td><td>홍태운</td></tr>
<tr><td></td><td>퍼블리싱 총괄</td><td>남형주</td></tr>
<tr><td></td><td>기획 · 개발</td><td>권오은　김미진　황지현　박다솜　안태균　오형민　유병범</td></tr>
<tr><td></td><td>디자인</td><td>김정인　고은비　에피그램</td></tr>
</table>

新수학의 바이블 BOB 확률과 통계

201901 제2판 1쇄　201909 제2판 2쇄

펴낸곳 이투스교육(주) 서울시 서초구 남부순환로 2547

전화 1599-3225

등록번호 제2007-000035호

ISBN 979-11-6123-851-7[53410]

新수학의 바이블 BOB!!

첫술에 배부를 수 없듯이 쉬운 유형부터 어려운 유형을 동시에 모두 학습하기란 쉽지 않다!!

기본적으로 알고 있어야 하는 내신 & 수능 시험에서 자주 출제되는 유형만 확실히 알아도 목표의 반은 성공한 것이다!!

따라서 자주 출제되는 알짜 유형만을 선정, 집중적으로 공략하여 학습할 수 있는 교재가 필요하다!!

新수학의 바이블 BOB을 이용한 학습법!!

개념 및 개념 Plus | 개념 이해

- 꼭 알고 있어야 하는 개념 확인
- 친절하고도 상세한 첨삭으로 이해도 향상
- 좀 더 알아볼 수 있는 개념에 대한 부연 설명

- 좀 더 자세한 설명이 필요할 때에는 新수학의 바이블 확률과 통계의 개념 설명을 통해 보충 학습
- 이전 학년에서 배웠지만 확실하게 정립하지 못한 개념은 다시 한 번 짚어보고 확실하게 다져야 할 것입니다.

실력 콕콕 | 해결력 강화

- 대표 유형에 대한 문제 해결력 향상
- 다양한 변형 유형의 문제에 대한 도전
- 학교 내신 & 수능의 기초 해결력 완성

- 학습 도중 틀린 문제에 대한 오답 노트 작성 후 반복 학습
- 실력 콕콕의 정답률이 80% 이하일 경우에는 앞부분의 유형별 문제 해결을 좀 더 강화한 후 오답 노트로 정리하여 확실하게 알 수 있을 때까지 반복 학습이 이루어져야 할 것입니다.

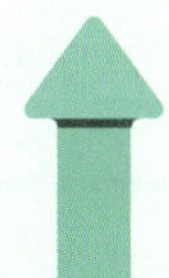

개념 콕콕 | 개념 확인

- 개념 이해가 정확하게 이루어졌는지 확인
- 표현이 달라졌을 때에도 개념을 적용시키는 연습
- 확실하게 익힐 때까지 기초 문제로 반복 이해

- 개념 콕콕의 정답률이 80% 이하일 경우에는 앞부분의 개념 학습이 완전하지 않은 것입니다. 다시 한 번 개념 부분에 대한 면밀하고 심도 있는 학습이 이루어져야 할 것입니다.

유형 콕콕 | 유형별 문제 해결

- 학습한 개념에 대한 유형 파악
- 대표 유형별 문제 해결력 집중 공략
- 유형별 점진적 수준 강화

- 대표 유형에 대하여 좀 더 학습하고자 할 때에는 新수학의 바이블 확률과 통계의 대표 예제별 1 + 3 문제 보충 학습
- 학습 도중 틀린 문제에 대한 오답 노트 작성 후 반복 학습
- 유형 콕콕의 정답률이 80% 이하일 경우에는 앞부분의 개념과 개념 콕콕을 확인한 후 다시 풀어 봄으로써 부족한 부분을 보충해야 할 것입니다.

STRUCTURE

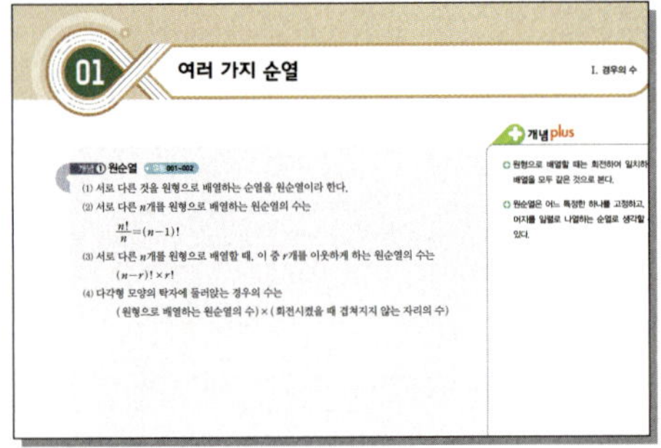

➕ 개념 설명 & 개념 plus

- 해당 단원에서 핵심 개념만을 모아 한눈에 알아볼 수 있도록 정리하였습니다.
- 보다 세부적인 부연 설명은 밑줄을 활용하여 첨삭으로 실었습니다.

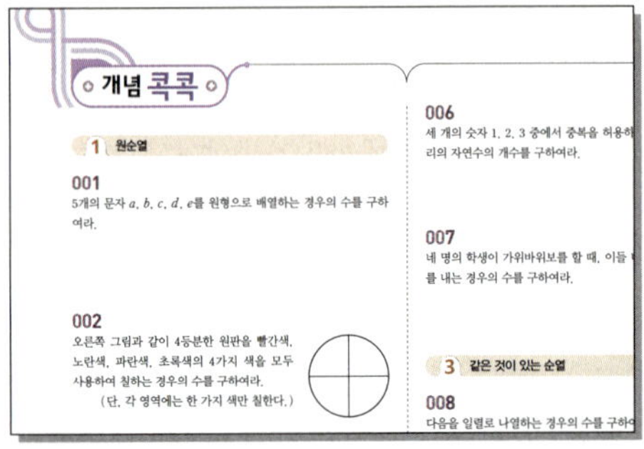

➕ 개념 콕콕

- 개념을 직접적으로 적용할 수 있도록 간단하고 쉬운 문제를 중심으로 수록하였습니다.
- 개념 콕콕의 문제를 해결함으로써 개념을 확실히 익히고 소화할 수 있도록 하였습니다.

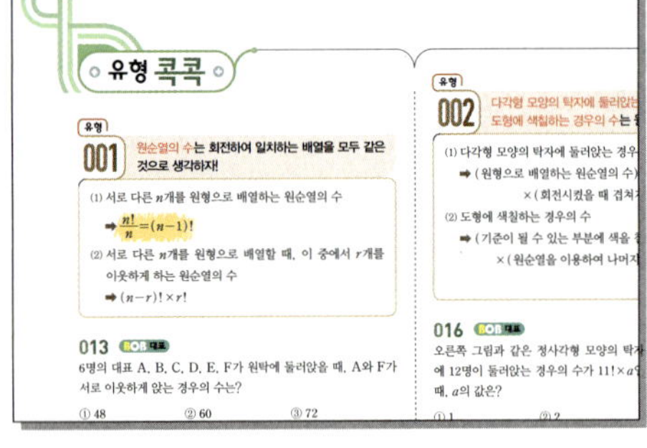

➕ 유형 콕콕

- 출제될 수 있는 대표적인 문제들을 유형별로 구분하고, 해당 유형에 맞는 핵심 포인트 및 해결 전략을 제시하였습니다.
- 교과서 핵심 개념을 토대로 필수 문항들로만 구성하였으며, 수학의 기초를 다질 수 있는 비교적 쉬운 문항들로 수학의 자신감을 쌓을 수 있게 하였습니다.
- 서술형 문제를 제공하여 풀이 단계에서 채점 요소, 풀이 단계별 비율 등을 고려하여 학습할 수 있도록 구성하였습니다.
- **QR코드** 해당 유형을 보다 구체적으로 알고 싶을 때에는 QR코드를 통해 '新수학의 바이블'의 대표 예제와 연동하여 학습할 수 있도록 링크를 걸어 두었습니다.

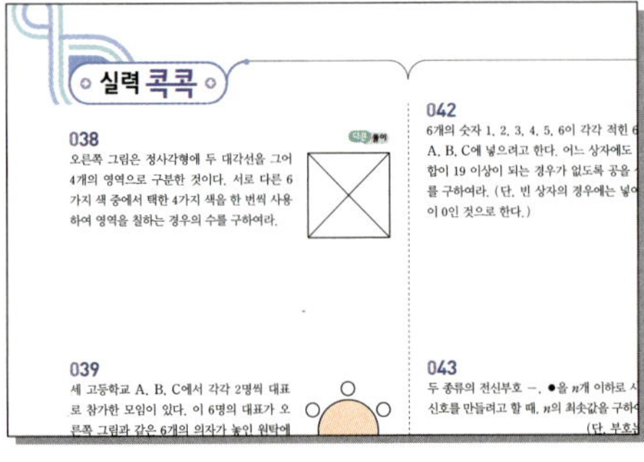

➕ 실력 콕콕

- 지금까지 학습한 개념과 유형을 토대로 좀 더 실력을 향상시킬 수 있도록 유형 콕콕 보다는 난이도가 있는 문제를 수록하였습니다.
- 유형을 확실히 익혔는지 점검하고 실전력을 익히게 하여 수능 대비의 초석이 될 수 있도록 하였습니다.
- 서술형 문제를 제공하여 풀이 단계에서 채점 요소, 풀이 단계별 비율 등을 고려하여 학습할 수 있도록 구성하였습니다.

유형 016 파스칼의 삼각형에서 이웃하는 두 수의 합은 두 수의 아래쪽 중앙에 있는 수와 같다!

파스칼의 삼각형에서
(1) 각 행의 수의 배열은 좌우 대칭이므로
$$_nC_r = {}_nC_{n-r}$$
(2) 이웃하는 두 수의 합은 두 수의 아래쪽 중앙에 있는 수와 같으므로
$$_{n-1}C_{r-1} + {}_{n-1}C_r = {}_nC_r$$

유형 017 $(1+x)^n$의 전개식을 변형하여 이항계수의 합에 대한 성질을 알아보자!

$(1+x)^n = {}_nC_0 + {}_nC_1 x + {}_nC_2 x^2 + \cdots + {}_nC_n x^n$에서
(1) $x=1$을 대입하면
$$_nC_0 + {}_nC_1 + {}_nC_2 + \cdots + {}_nC_n = 2^n$$
(2) $x=-1$을 대입하면
$$_nC_0 - {}_nC_1 + {}_nC_2 - {}_nC_3 + \cdots + (-1)^n {}_nC_n = 0$$
(3) (1)과 (2)를 연립하여 정리하면
$$_nC_0 + {}_nC_2 + {}_nC_4 + \cdots = {}_nC_1 + {}_nC_3 + {}_nC_5 + \cdots = 2^{n-1}$$

---

082 BOB 대표　　다른 풀이

오른쪽 그림의 파스칼의 삼각형에서 색칠한 부분에 있는 수의 합과 같은 것은?

① $_7C_3$
② $_7C_5$
③ $_8C_3$
④ $_8C_4$
⑤ $_8C_5$

---

085 BOB 대표

부등식 $200 < {}_nC_1 + {}_nC_2 + {}_nC_3 + \cdots + {}_nC_{n-1} < 300$을 만족시키는 자연수 n의 값은?

① 6
② 7
③ 8
④ 9
⑤ 10

---

083 중　　다른 풀이

$(1+x) + (1+x)^2 + (1+x)^3 + \cdots + (1+x)^8$의 전개식에서 x^3의 계수는?

① 86
② 96
③ 106
④ 116
⑤ 126

---

086 하

집합 $A = \{a_1, a_2, a_3, \cdots, a_9\}$의 부분집합 중에서 원소의 개수가 홀수인 것의 개수는?

① 32
② 64
③ 128
④ 256
⑤ 512

---

084 중　　다른 풀이

$(x+y)^6$의 전개식에서 $x^{6-n}y^n$의 계수를 a_n이라 할 때, 다음 그림의 파스칼의 삼각형에서 색칠한 부분에 있는 수의 합과 같은 것은?

① $2a_3$
② $a_2 + a_4$
③ $a_3 + a_4$
④ $2(a_3 + a_4)$
⑤ $a_2 + a_3 + a_4$

---

087 중

등식 $_nC_2 + {}_nC_4 + {}_nC_6 + \cdots + {}_nC_{n-1} = 255$를 만족시키는 홀수인 자연수 n의 값은? (단, $n \geq 2$)

① 5
② 7
③ 9
④ 11
⑤ 13

088

4개의 자연수 2, 3, 5, 7에서 중복을 허용하여 8개의 숫자를 선택하여 곱할 때, 그 수가 60의 배수가 되는 경우의 수는?

① 15　　　　　② 30　　　　　③ 35
④ 70　　　　　⑤ 165

089

방정식 $x+y+z=5$를 만족시키는 음이 아닌 정수 x, y, z의 순서쌍 (x, y, z) 중에서 x가 홀수인 순서쌍의 개수를 구하여라.

090

방정식 $x+y+z+w=20$을 만족시키는 $x\geq3$, $y\geq1$, $z\geq0$, $w\geq5$인 정수 x, y, z, w의 순서쌍 (x, y, z, w)의 개수는?

① 354　　　　　② 364　　　　　③ 374
④ 384　　　　　⑤ 394

091

다음 조건을 만족시키는 자연수 a, b, c의 순서쌍 (a, b, c)의 개수를 구하여라.

> ㈎ $a\leq b\leq c\leq10$
> ㈏ $a\times b\times c$는 짝수이다.

092

$A\times B\times C=1440$을 만족시키는 자연수 A, B, C의 순서쌍 (A, B, C)의 개수는?

① 140　　　　　② 378　　　　　③ 420
④ 504　　　　　⑤ 630

093

같은 종류의 모자 10개, 같은 종류의 티셔츠 5벌을 3개의 모둠 A, B, C에게 남김없이 나누어 주려고 한다. 각 모둠은 모자를 2개 이상, 티셔츠를 1벌 이상씩 받는다고 할 때, 나누어 주는 경우의 수는?

① 70　　　　　② 80　　　　　③ 90
④ 100　　　　　⑤ 110

094

집합 $X=\{1, 2, 3, 4\}$에서 $Y=\{2, 3, 4, 5, 6, 7\}$로의 함수 $f:X\longrightarrow Y$ 중에서 다음 조건을 만족시키는 f의 개수를 구하여라.

> ㈎ 집합 X의 임의의 두 원소 a, b에 대하여 $a<b$이면
> 　　$f(a)\geq f(b)$이다.
> ㈏ $f(2)$의 값은 3의 배수이다.

095　보충 설명

집합 $X=\{1, 2, 3, 4, 5\}$에서 X로의 함수 $f:X\longrightarrow X$ 중에서
$$f(1)\leq f(2)<f(3)\leq f(4)<f(5)$$
를 만족시키는 f의 개수는?

① 16　　　　　② 21　　　　　③ 35
④ 42　　　　　⑤ 54

096

$(-x+a)^5$의 전개식에서 상수항을 포함한 모든 항의 계수의 합이 1일 때, x^4의 계수는? (단, a는 실수이다.)

① 2   ② 10   ③ 20
④ 30   ⑤ 40

097

$\left(x+\dfrac{1}{x}\right)^2+\left(x+\dfrac{1}{x}\right)^3+\left(x+\dfrac{1}{x}\right)^4+\left(x+\dfrac{1}{x}\right)^5+\left(x+\dfrac{1}{x}\right)^6$의 전개식에서 x^2의 계수는?

① 16   ② 20   ③ 24
④ 28   ⑤ 32

098   수학 I 통합 유형   보충 설명

$(1+x)+2(1+x)^2+3(1+x)^3+\cdots+10(1+x)^{10}$의 전개식에서 x^2의 계수를 구하여라.

099

$(x+1)\left(\dfrac{x}{a}-\dfrac{a}{x}\right)^{10}$의 전개식에서 x^6의 계수가 5일 때, $\dfrac{1}{x^6}$의 계수는? (단, a는 0이 아닌 상수이다.)

① 45   ② 125   ③ 405
④ 625   ⑤ 765

100

오른쪽 그림은 파스칼의 삼각형의 일부이다. 맨 아랫줄에 있는 모든 수들의 합을 구하여라.

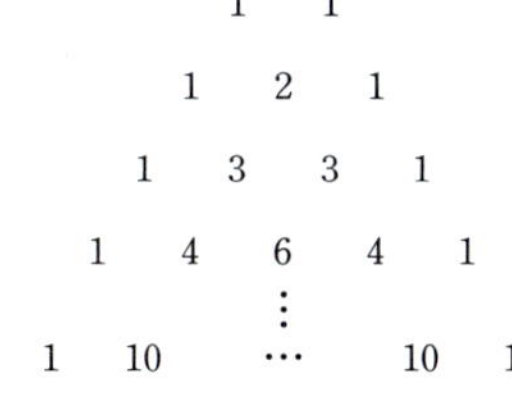

101

부등식 $250<{_n}C_2+{_n}C_3+{_n}C_4+\cdots+{_n}C_{n-1}+{_n}C_n<1050$을 만족시키는 모든 자연수 n의 값의 합을 구하여라. (단, $n\geq2$)

102   서술형

같은 종류의 연필 20개를 갑, 을, 병 세 사람에게 모두 나누어 주려고 한다. 갑과 을에게는 적어도 1개, 병에게는 적어도 2개의 연필을 나누어 주는 경우의 수를 구하여라. (단, 갑, 을, 병 모두 연필을 최대 15개까지 가질 수 있다.)

103   서술형

$\left(x^n+\dfrac{1}{x}\right)^{10}$의 전개식에서 상수항이 45일 때, 자연수 n의 값을 구하여라.

II

확률

03 확률의 뜻과 성질

개념 ① 시행과 사건 유형 018

(1) 시행 : 동일한 조건에서 반복할 수 있고 그 결과가 우연에 의하여 결정되는 실험이나 관찰

(2) 표본공간 : 어떤 시행에서 일어날 수 있는 모든 결과의 집합

(3) 사건 : 표본공간의 부분집합 (시행의 결과)

(4) 표본공간이 S인 두 사건 A, B에 대하여

　① A 또는 B가 일어나는 사건을 $A \cup B$와 같이 나타낸다.

　② A와 B가 동시에 일어나는 사건을 $A \cap B$와 같이 나타낸다.

　③ 두 사건 A와 B가 동시에 일어나지 않을 때, 즉 $A \cap B = \varnothing$일 때, 사건 A와 사건 B는 서로 배반사건이라 한다.

　④ 사건 A가 일어나지 않는 사건을 A의 여사건이라 하고, 기호로 A^c과 같이 나타낸다.

개념 ② 수학적 확률과 통계적 확률 유형 019~026

(1) 확률 : 사건 A가 일어날 가능성을 수로 나타낸 것을 사건 A의 확률이라 하고, 이것을 기호로 $\mathrm{P}(A)$와 같이 나타낸다.

(2) 수학적 확률 : 표본공간이 S인 어떤 시행에서 각 근원사건이 일어날 가능성이 모두 같은 정도로 기대될 때, 사건 A가 일어날 확률 $\mathrm{P}(A)$를

$$\mathrm{P}(A) = \frac{n(A)}{n(S)} = \frac{(\text{사건 } A\text{가 일어날 경우의 수})}{(\text{일어날 수 있는 모든 경우의 수})}$$

로 정의하고, 이것을 표본공간 S에서 사건 A가 일어날 수학적 확률이라 한다.

(3) 통계적 확률 : 어떤 시행을 n번 반복하여 사건 A가 일어난 횟수를 r_n이라 할 때, 시행 횟수 n이 한없이 커짐에 따라 상대도수 $\dfrac{r_n}{n}$이 일정한 값 p에 가까워진다. 이 값 p를 사건 A의 통계적 확률이라 한다.

개념 ③ 확률의 기본 성질 유형 027

표본공간이 S인 어떤 시행에서

(1) 임의의 사건 A에 대하여 $0 \leq \mathrm{P}(A) \leq 1$

(2) 반드시 일어나는 사건 S에 대하여 $\mathrm{P}(S) = 1$

(3) 절대로 일어나지 않는 사건 $\varnothing$에 대하여 $\mathrm{P}(\varnothing) = 0$

개념 ④ 확률의 덧셈정리 유형 028~030

(1) 확률의 덧셈정리

　표본공간이 S인 두 사건 A, B에 대하여

　① $\mathrm{P}(A \cup B) = \mathrm{P}(A) + \mathrm{P}(B) - \mathrm{P}(A \cap B)$

　② 두 사건 A, B가 서로 배반사건이면 $\mathrm{P}(A \cup B) = \mathrm{P}(A) + \mathrm{P}(B)$

(2) 여사건의 확률

　표본공간이 S인 사건 A의 여사건 A^c에 대하여

　　$\mathrm{P}(A^c) = 1 - \mathrm{P}(A)$

➕ 개념 plus

◆ 표본공간(Sample space)은 보통 S로 나타낸다.

◆ 근원사건 : 한 개의 원소로 이루어진 사건

㉠ A와 B의 합사건이라 한다.
㉡ A와 B의 곱사건이라 한다.

◆ $A \cap A^c = \varnothing$이므로 사건 A와 사건 A^c은 서로 배반사건이다.

◆ 수학적 확률은 표본공간이 공집합이 아닌 유한집합인 경우에서만 생각한다.

㉢ 표본공간 S의 원소의 개수를 $n(S)$, 사건 A의 원소의 개수를 $n(A)$라 한다.

◆ 사건 A와 그 여사건 A^c은 서로 배반사건이므로 확률의 덧셈정리에 의하여
$\mathrm{P}(A \cup A^c) = \mathrm{P}(A) + \mathrm{P}(A^c)$
이때, $A \cup A^c = S$이고,
$\mathrm{P}(A \cup A^c) = \mathrm{P}(S) = 1$이므로
$\mathrm{P}(A^c) = 1 - \mathrm{P}(A)$

 개념 콕콕

1　시행과 사건

104

한 개의 주사위를 던지는 시행에서 다음을 구하여라.

(1) 표본공간 S

(2) 짝수의 눈이 나오는 사건 A

105

한 개의 주사위를 던지는 시행에서 소수의 눈이 나오는 사건을 A, 짝수의 눈이 나오는 사건을 B라 할 때, 다음을 구하여라.

(1) $A \cap B$

(2) $A \cup B$

(3) A^C

106

한 개의 동전을 세 번 던질 때, 앞면이 두 번 나오는 사건을 A, 앞면이 적어도 두 번 나오는 사건을 B, 모두 뒷면이 나오는 사건을 C라 하자. A, B, C 중 서로 배반사건인 두 사건을 모두 구하여라.

2　수학적 확률과 통계적 확률

107

서로 다른 두 개의 주사위를 동시에 던질 때, 다음을 구하여라.

(1) 두 눈의 수의 합이 8일 확률

(2) 두 눈의 수가 서로 같을 확률

108

4명의 학생 A, B, C, D를 일렬로 세울 때, 다음을 구하여라.

(1) A와 D가 서로 이웃하게 서는 확률

(2) A가 D의 앞쪽에 서는 확률

109

어느 야구 선수가 100번의 타석에서 36번의 안타를 쳤을 때, 이 선수가 한 번의 타석에서 안타를 칠 확률을 구하여라.

3　확률의 기본 성질

110

5개의 흰 공이 들어 있는 주머니에서 임의로 한 개의 공을 꺼낼 때, 다음을 구하여라.

(1) 꺼낸 공이 파란 공일 확률

(2) 꺼낸 공이 흰 공일 확률

111

1부터 9까지의 자연수가 각각 하나씩 적힌 9장의 카드에서 임의로 한 장의 카드를 뽑을 때, 홀수가 적힌 카드를 뽑는 사건을 A, 짝수가 적힌 카드를 뽑는 사건을 B라 하자. 다음을 구하여라.

(1) $\mathrm{P}(A)$

(2) $\mathrm{P}(A \cap B)$

(3) $\mathrm{P}(A \cup B)$

4　확률의 덧셈정리

112

$\mathrm{P}(A) = \dfrac{1}{2}$, $\mathrm{P}(B) = \dfrac{3}{8}$, $\mathrm{P}(A \cap B) = \dfrac{1}{4}$일 때, $\mathrm{P}(A \cup B)$의 값을 구하여라.

113

두 사건 A, B가 서로 배반사건이고 $\mathrm{P}(A) = \dfrac{1}{4}$, $\mathrm{P}(B) = \dfrac{1}{5}$일 때, $\mathrm{P}(A \cup B)$의 값을 구하여라.

114

한 개의 주사위를 던질 때, 홀수 또는 소수의 눈이 나올 확률을 구하여라.

115

남학생 2명, 여학생 3명 중에서 대표 2명을 뽑을 때, 여학생이 적어도 한 명 포함될 확률을 구하여라.

018

시행은 결과가 우연에 의하여 결정되고 **사건**은 표본공간의 부분집합임을 생각하자!

(1) 시행과 사건
  ① 시행 : 동일한 조건에서 반복할 수 있고 그 결과가 우연에 의하여 결정되는 실험이나 관찰
  ② 사건 : 표본공간의 부분집합 (시행의 결과)
(2) 배반사건과 여사건
  표본공간이 S인 두 사건 A, B에 대하여
  ① A와 B가 서로 배반사건 ➡ $A \cap B = \varnothing$
  ② A의 여사건 ➡ $A^c = S - A$

116 BOB 대표

표본공간이 $S = \{1, 2, 3, 4, 5, 6, 7\}$인 두 사건 A, B에 대하여 $A = \{2, 3, 6\}$, $B^c = \{3, 4, 6, 7\}$일 때, 두 사건 A, B와 모두 배반인 사건 C의 개수는?

① 1 　　　　② 2 　　　　③ 4
④ 8 　　　　⑤ 16

117 중

각 면에 1부터 n까지의 자연수가 각각 하나씩 적혀 있는 서로 다른 정n면체 주사위 2개와 동전 1개를 동시에 던지는 시행에서 바닥에 놓인 면에 적힌 수를 읽는 표본공간의 원소의 개수가 128일 때, n의 값을 구하여라.

118 중

한 개의 주사위를 던지는 시행에서 홀수의 눈이 나오는 사건을 A, 소수의 눈이 나오는 사건을 B, 2의 배수의 눈이 나오는 사건을 C라 할 때, 〈보기〉에서 서로 배반인 사건만을 있는 대로 골라라.

> 보기
> ㄱ. A와 B 　　　ㄴ. A와 C 　　　ㄷ. B와 C

019

수학적 확률은 각 근원사건이 일어날 가능성이 모두 같을 때 이용한다!

표본공간이 S인 어떤 시행에서 각 근원사건이 일어날 가능성이 모두 같은 정도로 기대될 때, 사건 A가 일어날 확률 $P(A)$는

$$P(A) = \frac{n(A)}{n(S)} = \frac{(\text{사건 } A \text{가 일어날 경우의 수})}{(\text{일어날 수 있는 모든 경우의 수})}$$

119 BOB 대표

서로 다른 두 개의 주사위를 동시에 던질 때, 나오는 두 눈의 수의 차가 3 이하일 확률은?

① $\frac{1}{6}$ 　　　　② $\frac{1}{3}$ 　　　　③ $\frac{1}{2}$
④ $\frac{2}{3}$ 　　　　⑤ $\frac{5}{6}$

120 중

집합 $S = \{1, 2, 3, \cdots, 7\}$의 부분집합 중에서 임의로 하나의 집합 X를 택할 때, X가 두 원소 1, 2를 모두 포함하고 3은 포함하지 않을 확률은?

① $\frac{1}{8}$ 　　　　② $\frac{3}{16}$ 　　　　③ $\frac{1}{4}$
④ $\frac{5}{16}$ 　　　　⑤ $\frac{3}{8}$

121 중　　　　서술형

한 개의 주사위를 2번 던져서 나온 눈의 수를 차례대로 a, b라 할 때, x에 대한 이차방정식 $x^2 - 2ax + b = 0$이 실근을 갖지 않을 확률을 구하여라.

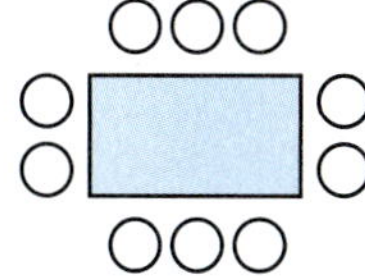

유형 020

일렬로 나열하는 경우의 확률은 순열을 이용한다!

(1) 서로 다른 n개에서 r개를 택하여 일렬로 나열하는 경우의 수

$$\Rightarrow {}_n\mathrm{P}_r = n(n-1)(n-2) \times \cdots \times (n-r+1)$$
$$= \frac{n!}{(n-r)!} \ (\text{단, } 0 \le r \le n)$$

(2) 서로 다른 n개를 일렬로 나열하는 경우의 수

$$\Rightarrow {}_n\mathrm{P}_n = n(n-1)(n-2) \times \cdots \times 1 = n!$$

122 BOB 대표

남학생 3명, 여학생 3명을 일렬로 세울 때, 양 끝에는 여학생을 세우고 남학생끼리는 서로 이웃하게 세울 확률은?

① $\dfrac{1}{20}$ ② $\dfrac{1}{16}$ ③ $\dfrac{1}{12}$

④ $\dfrac{1}{10}$ ⑤ $\dfrac{1}{8}$

123 중

서로 다른 수학책 4권, 영어책 4권을 책꽂이에 일렬로 꽂을 때, 영어책끼리 서로 이웃하지 않을 확률은?

① $\dfrac{1}{14}$ ② $\dfrac{1}{12}$ ③ $\dfrac{1}{10}$

④ $\dfrac{1}{8}$ ⑤ $\dfrac{1}{6}$

124 중 서술형

네 개의 숫자 1, 2, 4, 8을 모두 사용하여 네 자리의 자연수를 만들 때, 일의 자리의 숫자와 백의 자리의 숫자가 모두 짝수일 확률을 구하여라.

유형 021

원형으로 배열하는 경우의 확률은 원순열을 이용한다!

서로 다른 n개를 원형으로 배열하는 원순열의 수

$$\Rightarrow \frac{n!}{n} = (n-1)!$$

125 BOB 대표

A 학교 대표 4명, B 학교 대표 4명이 원탁에 둘러앉을 때, A 학교 대표와 B 학교 대표가 교대로 앉게 될 확률은?

① $\dfrac{1}{35}$ ② $\dfrac{1}{30}$ ③ $\dfrac{1}{25}$

④ $\dfrac{1}{20}$ ⑤ $\dfrac{1}{15}$

126 중

3쌍의 부부가 원탁에 둘러앉을 때, 부부끼리는 서로 이웃하게 앉을 확률은?

① $\dfrac{1}{15}$ ② $\dfrac{2}{15}$ ③ $\dfrac{1}{5}$

④ $\dfrac{4}{15}$ ⑤ $\dfrac{1}{3}$

127 상

A, B를 포함한 학생 10명이 오른쪽 그림과 같은 직사각형 모양의 탁자에 둘러앉아 있을 때, A, B 두 학생이 의자가 세 개 있는 쪽에 나란히 앉을 확률은?

① $\dfrac{1}{45}$ ② $\dfrac{2}{45}$ ③ $\dfrac{1}{15}$

④ $\dfrac{4}{45}$ ⑤ $\dfrac{1}{9}$

유형 022
중복을 허용하여 일렬로 나열하는 경우의 확률은 중복순열을 이용한다!

서로 다른 n개에서 중복을 허용하여 r개를 택하는 중복순열의 수

➡ $_n\Pi_r = n^r$

128 BOB 대표
5개의 숫자 1, 2, 3, 4, 5 중에서 중복을 허용하여 세 자리의 자연수를 만들 때, 각 자리의 수의 곱이 홀수일 확률은?

① $\dfrac{9}{125}$ ② $\dfrac{3}{25}$ ③ $\dfrac{27}{125}$

④ $\dfrac{9}{25}$ ⑤ $\dfrac{2}{5}$

129 하
3명의 학생이 A, B, C 3개의 교실에 들어가려고 한다. 3명의 학생이 서로 다른 교실에 들어갈 확률은?

① $\dfrac{1}{9}$ ② $\dfrac{2}{9}$ ③ $\dfrac{1}{3}$

④ $\dfrac{4}{9}$ ⑤ $\dfrac{2}{3}$

130 중 서술형
집합 $X=\{1, 2, 3, 4, 5\}$에서 집합 $Y=\{a, b, c, d, e\}$로의 함수 $f : X \longrightarrow Y$가 일대일함수일 확률을 구하여라.

유형 023
순서가 정해져 있는 경우의 확률은 같은 것이 있는 순열을 이용한다!

(1) n개 중에서 같은 것이 각각 p개, q개, $\cdots$, r개씩 있을 때, n개를 모두 일렬로 나열하는 순열의 수

➡ $\dfrac{n!}{p! \times q! \times \cdots \times r!}$ (단, $p+q+\cdots+r=n$)

(2) 특정한 몇 개의 순서가 정해져 있는 경우

➡ 그 특정한 것을 같은 것으로 생각하여 일렬로 나열하는 경우의 수로 생각

131 BOB 대표
5개의 숫자 1, 2, 2, 3, 3을 모두 사용하여 만든 다섯 자리의 자연수 중에서 임의로 택한 하나의 수를 N이라 할 때, N이 짝수일 확률은?

① $\dfrac{1}{5}$ ② $\dfrac{1}{4}$ ③ $\dfrac{2}{5}$

④ $\dfrac{1}{2}$ ⑤ $\dfrac{3}{5}$

132 하
5개의 문자 b, i, b, l, e를 일렬로 나열할 때, b끼리 서로 이웃하도록 나열할 확률은?

① $\dfrac{1}{6}$ ② $\dfrac{1}{5}$ ③ $\dfrac{1}{3}$

④ $\dfrac{2}{5}$ ⑤ $\dfrac{3}{5}$

133 상
집합 $X=\{1, 2, 3, 4, 5\}$에서 X로의 함수 $f : X \longrightarrow X$ 중에서 함숫값의 합이 8이 될 확률을 구하여라.

유형 024 순서를 생각하지 않고 택하는 경우의 확률은 조합을 이용한다!

서로 다른 n개에서 r개를 택하는 조합의 수

$$\Rightarrow {}_n\mathrm{C}_r=\frac{{}_n\mathrm{P}_r}{r!}=\frac{n!}{r!(n-r)!}\ (\text{단, } 0\le r\le n)$$

134 BOB 대표

6개의 숫자 1, 2, 3, 4, 5, 6이 각각 하나씩 적힌 6장의 카드가 들어 있는 상자에서 임의로 두 장의 카드를 꺼낼 때, 꺼낸 두 장의 카드에 적힌 수의 곱이 홀수가 될 확률은?

① $\dfrac{1}{7}$　　　② $\dfrac{1}{6}$　　　③ $\dfrac{1}{5}$

④ $\dfrac{1}{4}$　　　⑤ $\dfrac{1}{3}$

135 하

남학생 3명과 여학생 3명으로 구성된 어느 모둠에서 대표 2명을 뽑을 때, 뽑힌 두 명의 대표가 모두 여학생일 확률은?

① $\dfrac{1}{6}$　　　② $\dfrac{1}{5}$　　　③ $\dfrac{3}{10}$

④ $\dfrac{1}{3}$　　　⑤ $\dfrac{2}{5}$

136 중　　　　　서술형

1부터 7까지의 자연수가 각각 하나씩 적힌 7개의 공이 들어 있는 주머니에서 세 개의 공을 꺼낼 때, 꺼낸 세 개의 공에 적힌 수의 합이 짝수일 확률을 구하여라.

유형 025 중복을 허용하여 택하는 경우의 확률은 중복조합을 이용한다!

서로 다른 n개에서 r개를 택하는 중복조합의 수

$$\Rightarrow {}_n\mathrm{H}_r={}_{n+r-1}\mathrm{C}_r$$

137 BOB 대표

같은 종류의 볼펜 10자루를 남김없이 4명의 학생들에게 나누어 주려고 할 때, 각 학생이 적어도 한 자루씩의 볼펜을 가지도록 나누어 줄 확률을 구하여라.

138 중

방정식 $x+y+z=9$를 만족시키는 음이 아닌 정수 x, y, z의 순서쌍 $(x,\ y,\ z)$ 중 하나를 택할 때, 택한 순서쌍이 $x\ge1$, $y\ge2$, $z\ge3$을 만족시킬 확률을 구하여라.

유형 026 시행 횟수가 한없이 클 때는 통계적 확률을 이용한다!

어떤 시행을 n번 반복하여 사건 A가 일어난 횟수를 r_n이라 할 때, 시행 횟수 n이 한없이 커짐에 따라 상대도수 $\dfrac{r_n}{n}$이 일정한 값 p에 가까워진다. 이 값 p를 사건 A의 통계적 확률이라 한다.

139 BOB 대표

흰 공과 검은 공이 합하여 8개 들어 있는 주머니 속에서 2개의 공을 꺼내 보고 다시 넣는 시행을 여러 번 반복했더니 14번에 5번 꼴로 두 개가 모두 검은 공이었다. 이 주머니 속에 들어 있는 검은 공의 개수를 구하여라.

140 하

어느 제약회사에서 당뇨병 치료에 사용할 수 있는 신약을 개발하여 10000명을 대상으로 임상실험을 하였더니 7500명에게서 치료 효과가 나타났다. 이 신약을 당뇨병 환자 64명에게 투여하였을 때, 치료 효과가 있을 환자의 수를 구하여라.

유형 027

확률의 기본 성질은 집합의 성질과 관련지어 생각하자!

표본공간이 S인 어떤 시행에서
(1) 임의의 사건 A에 대하여 $0 \le P(A) \le 1$
(2) 반드시 일어나는 사건 S에 대하여 $P(S)=1$
(3) 절대로 일어나지 않는 사건 $\varnothing$에 대하여 $P(\varnothing)=0$

141 BOB 대표

표본공간이 S인 임의의 두 사건 A, B에 대하여 〈보기〉에서 옳은 것만을 있는 대로 고른 것은?

〈보기〉
ㄱ. $P(A)=P(B)$이면 $A=B$
ㄴ. $0 \le P(A \cap B) \le 1$
ㄷ. $P(S) \le P(A)+P(B)$

① ㄱ　　　　② ㄴ　　　　③ ㄱ, ㄴ
④ ㄱ, ㄷ　　　⑤ ㄴ, ㄷ

142 하

표본공간이 S인 임의의 사건 A에 대하여 〈보기〉에서 옳은 것만을 있는 대로 골라라.

〈보기〉
ㄱ. $P(A) < 1$
ㄴ. $P(A)+P(A^c)=P(S)$
ㄷ. $1-P(S)=P(\varnothing)$

143 중

표본공간 $S=\{1, 2, 3, 4, 5, 6\}$에서
$$P(A \cap B)+P(S)=1+P(\varnothing), \quad P(A)=P(B) \ne P(\varnothing)$$
을 만족시키는 두 사건 A, B의 순서쌍 (A, B)의 개수를 구하여라.

유형 028

확률의 덧셈정리는 먼저 두 사건이 배반사건인지 확인해야 한다!

표본공간이 S인 두 사건 A, B에 대하여 $A \cap B \ne \varnothing$일 때, 사건 A 또는 사건 B가 일어날 확률은
$$P(A \cup B)=P(A)+P(B)-P(A \cap B)$$

144 BOB 대표

표본공간이 S인 두 사건 A, B에 대하여
$$P(A)=\frac{1}{2}, \quad P(B)=\frac{1}{3}, \quad P(A \cup B)=\frac{3}{4}$$
일 때, $P(A^c \cup B^c)$의 값은?

① $\dfrac{7}{12}$　　　　② $\dfrac{2}{3}$　　　　③ $\dfrac{3}{4}$

④ $\dfrac{5}{6}$　　　　⑤ $\dfrac{11}{12}$

145 중

1부터 50까지의 자연수가 각각 하나씩 적힌 50장의 카드가 들어 있는 상자에서 임의로 한 장의 카드를 꺼낼 때, 3의 배수 또는 5의 배수가 적힌 카드가 나올 확률은?

① $\dfrac{21}{50}$　　　　② $\dfrac{11}{25}$　　　　③ $\dfrac{23}{50}$

④ $\dfrac{12}{25}$　　　　⑤ $\dfrac{1}{2}$

146 중 서술형

1부터 5까지의 자연수가 각각 하나씩 적힌 5장의 카드가 들어 있는 A 주머니와 2부터 6까지의 자연수가 각각 하나씩 적힌 5장의 카드가 들어 있는 B 주머니가 있다. 이 두 주머니에서 임의로 각각 1장씩 카드를 꺼낼 때, 두 카드에 적힌 수의 합이 10 이상이거나 5의 배수일 확률을 구하여라.

유형 029

두 사건이 배반사건인 경우의 확률의 덧셈정리는 두 사건의 합만으로 구한다!

표본공간이 S인 두 사건 A, B에 대하여 $A \cap B = \varnothing$일 때, 사건 A 또는 사건 B가 일어날 확률은
$$P(A \cup B) = P(A) + P(B)$$

유형 030

'적어도'라는 조건이 있는 경우의 확률은 여사건을 이용한다!

(1) 표본공간이 S인 사건 A의 여사건 A^c에 대하여
$$P(A^c) = 1 - P(A)$$
(2) ('적어도 ~'의 확률) $= 1 - ($~가 아닌 사건의 확률$)$

147 BOB 대표

흰 공 6개, 검은 공 3개가 들어 있는 주머니에서 임의로 6개의 공을 동시에 꺼낼 때, 흰 공이 검은 공보다 많을 확률은?

① $\dfrac{14}{21}$ ② $\dfrac{5}{7}$ ③ $\dfrac{16}{21}$

④ $\dfrac{17}{21}$ ⑤ $\dfrac{6}{7}$

150 BOB 대표

1부터 10까지의 자연수가 각각 하나씩 적힌 10장의 카드 중에서 임의로 두 장의 카드를 뽑을 때, 카드에 적힌 수의 최댓값이 7 이상일 확률은?

① $\dfrac{1}{4}$ ② $\dfrac{1}{3}$ ③ $\dfrac{1}{2}$

④ $\dfrac{2}{3}$ ⑤ $\dfrac{3}{4}$

148 하

표본공간 S에서 서로 배반사건인 두 사건 A, B에 대하여 $S = A \cup B$, $P(A) = \dfrac{1}{4}$일 때, $P(B)$의 값은?

① $\dfrac{1}{4}$ ② $\dfrac{1}{3}$ ③ $\dfrac{1}{2}$

④ $\dfrac{2}{3}$ ⑤ $\dfrac{3}{4}$

151 중 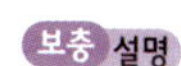 보충 설명

6명의 학생 A, B, C, D, E, F를 일렬로 세울 때, A와 F 사이에 적어도 한 명의 학생을 세울 확률은?

① $\dfrac{1}{6}$ ② $\dfrac{1}{3}$ ③ $\dfrac{2}{3}$

④ $\dfrac{3}{4}$ ⑤ $\dfrac{4}{5}$

149 중  다른 풀이

1부터 9까지의 자연수가 각각 하나씩 적힌 9장의 카드 중에서 임의로 2장의 카드를 뽑을 때, 카드에 적힌 수의 합이 짝수일 확률은?

① $\dfrac{1}{9}$ ② $\dfrac{2}{9}$ ③ $\dfrac{1}{3}$

④ $\dfrac{4}{9}$ ⑤ $\dfrac{5}{9}$

152 중  서술형

1부터 6까지의 자연수가 하나씩 적힌 카드가 각각 2장씩 총 12장이 있다. 12장의 카드 중에서 임의로 2장의 카드를 뽑을 때, 두 카드에 서로 다른 숫자가 적혀 있을 확률을 구하여라.

153

모자를 쓴 학생 4명이 실내에 들어와 모자를 선반에 벗어 놓은 후, 나갈 때는 선반에 놓여 있는 모자를 임의로 하나씩 착용하였다. 4명의 학생 모두 자신의 모자를 착용하지 않게 될 확률은?

① $\dfrac{1}{12}$　　　② $\dfrac{1}{10}$　　　③ $\dfrac{1}{8}$

④ $\dfrac{1}{4}$　　　⑤ $\dfrac{3}{8}$

154

한 개의 주사위를 3번 던져서 나온 눈의 수를 차례대로 a, b, c라 할 때, 함수 $y=ax^2+bx-c$의 그래프가 점 $(1, 0)$을 지나고 꼭짓점의 x좌표가 -1이 될 확률은?

① $\dfrac{1}{216}$　　　② $\dfrac{1}{108}$　　　③ $\dfrac{1}{72}$

④ $\dfrac{1}{54}$　　　⑤ $\dfrac{1}{18}$

155

어느 여객선의 좌석이 A 구역에 2개, B 구역에 1개, C 구역에 1개 남아 있다. 남아 있는 좌석을 남자 승객 2명과 여자 승객 2명에게 임의로 배정할 때, 남자 승객 두 명 모두 A 구역에 배정될 확률은?

① $\dfrac{1}{12}$　　　② $\dfrac{1}{10}$　　　③ $\dfrac{1}{6}$

④ $\dfrac{1}{4}$　　　⑤ $\dfrac{1}{2}$

156

흰 바둑돌과 검은 바둑돌을 합하여 모두 10개의 바둑돌 중에서 임의로 3개의 바둑돌을 뽑을 때, 흰 바둑돌 2개, 검은 바둑돌 1개를 뽑을 확률이 $\dfrac{1}{2}$이다. 흰 바둑돌의 개수는?

① 3　　　② 4　　　③ 5

④ 6　　　⑤ 7

157

다음 그림과 같이 A, A, A, B, B, C의 문자가 각각 하나씩 적혀 있는 6장의 카드가 있다. 이 6장의 카드를 일렬로 나열할 때, 양 끝에 A가 적힌 카드를 놓을 확률은?

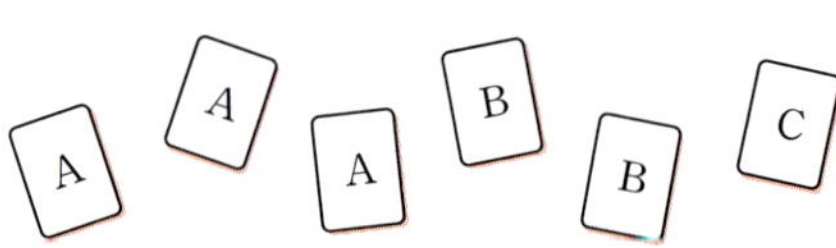

① $\dfrac{3}{20}$　　　② $\dfrac{1}{5}$　　　③ $\dfrac{1}{4}$

④ $\dfrac{3}{10}$　　　⑤ $\dfrac{7}{20}$

158

흰 구슬 4개와 검은 구슬 5개가 들어 있는 주머니에서 임의로 3개의 구슬을 꺼낼 때, 흰 구슬 1개와 검은 구슬 2개가 나올 확률은?

① $\dfrac{10}{21}$　　　② $\dfrac{4}{7}$　　　③ $\dfrac{2}{3}$

④ $\dfrac{16}{21}$　　　⑤ $\dfrac{6}{7}$

159

집합 $X=\{1, 2, 3, 4, 5\}$에서 X로의 함수 $f : X \longrightarrow X$ 중에서 일대일대응인 함수 한 개를 선택할 때, 자기 자신으로 대응되는 원소가 세 개일 확률은?

① $\dfrac{1}{12}$　　　② $\dfrac{1}{6}$　　　③ $\dfrac{3}{8}$

④ $\dfrac{1}{2}$　　　⑤ $\dfrac{3}{5}$

160

4개의 숫자 1, 2, 3, 4가 각각 하나씩 적힌 4개의 공이 들어 있는 주머니에서 갑이 2개의 공을 임의로 꺼내고 을이 남은 2개의 공 중에서 1개의 공을 임의로 꺼낼 때, 갑이 꺼낸 두 개의 공에 적힌 수의 곱이 을이 꺼낸 공에 적힌 수보다 작을 확률은?

① $\dfrac{1}{12}$　　　② $\dfrac{1}{6}$　　　③ $\dfrac{1}{4}$

④ $\dfrac{1}{3}$　　　⑤ $\dfrac{5}{12}$

161

오른쪽 그림과 같이 한 변의 길이가 1인 정사각형 6개를 붙여 놓은 도형이 있다. 12개의 꼭짓점 중에서 임의의 점 2개를 연결한 선분의 길이가 무리수일 때, 그 길이가 $\sqrt{5}$일 확률은?

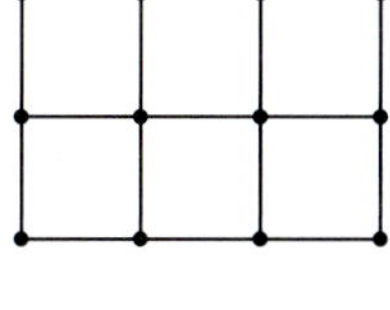

① $\dfrac{1}{9}$ ② $\dfrac{1}{6}$ ③ $\dfrac{2}{9}$

④ $\dfrac{7}{18}$ ⑤ $\dfrac{11}{18}$

162

7개의 문자 a, b, c, d, e, f, g 중에서 중복을 허용하여 3개를 뽑아 문자열을 만들 때, 문자열에 e가 반드시 포함될 확률은?

① $\dfrac{124}{343}$ ② $\dfrac{125}{343}$ ③ $\dfrac{18}{49}$

④ $\dfrac{127}{343}$ ⑤ $\dfrac{128}{343}$

163 　다른 풀이

흰 공 3개, 검은 공 4개가 들어 있는 주머니에서 임의로 2개의 공을 꺼낼 때, 흰 공을 적어도 한 개 이상 꺼낼 확률은?

① $\dfrac{11}{21}$ ② $\dfrac{4}{7}$ ③ $\dfrac{13}{21}$

④ $\dfrac{2}{3}$ ⑤ $\dfrac{5}{7}$

164 　다른 풀이

어느 요양 시설에서 여학생 4명과 남학생 2명 모두가 하루에 한 명씩 6일 동안 봉사 활동을 하려고 한다. 이 6명의 학생이 봉사 활동 순번을 임의로 정할 때, 첫째 날 또는 여섯째 날에 남학생이 봉사 활동을 하게 될 확률을 구하여라.

165

어느 학급은 35명으로 이루어져 있다. 이 학급의 모든 학생 중 대학수학능력시험 사회탐구 영역에서 한국 지리를 선택한 학생은 22명이고 세계 지리를 선택한 학생은 17명이다. 한국 지리와 세계 지리 중 어느 것도 선택하지 않은 학생은 4명이다. 이 학급에서 한 명의 학생을 뽑을 때, 이 학생이 한국 지리와 세계 지리를 모두 선택하였을 확률을 구하여라.

166

두 사건 A, B는 서로 배반사건이고
$$\mathrm{P}(A)+\mathrm{P}(B)=3\mathrm{P}(A^c \cap B^c)$$
일 때, $\mathrm{P}(A \cup B)$의 값을 구하여라.

167 　서술형

학생 9명의 혈액형을 조사하였더니 A형, B형, O형인 학생이 각각 2명, 3명, 4명이었다. 이 9명의 학생 중에서 임의로 2명을 뽑을 때, 혈액형이 같을 확률을 구하여라.

168 　서술형

빨간색, 파란색, 노란색, 초록색 구슬이 각각 2개씩 모두 8개가 들어 있는 상자에서 임의로 4개의 구슬을 뽑을 때, 두 개만 같은 색이고 나머지 두 개는 서로 다른 색일 확률을 구하여라.

04 조건부확률

개념 ① 조건부확률 · 유형 031~032

(1) 조건부확률

사건 A가 일어났다고 가정할 때 사건 B가 일어날 확률을 사건 A가 일어났을 때 사건 B의 조건부확률이라 하고, 이것을 기호로 $P(B|A)$와 같이 나타낸다.

(2) 사건 A가 일어났을 때 사건 B의 조건부확률은

$$P(B|A)=\frac{P(A\cap B)}{P(A)} \ (단, P(A)>0)$$

개념 ② 확률의 곱셈정리 · 유형 033~034

두 사건 A, B에 대하여 $P(A)>0$, $P(B)>0$일 때, 사건 $A\cap B$가 일어날 확률은

① $P(B|A)=\dfrac{P(A\cap B)}{P(A)}$에서

$$P(A\cap B)=P(A)P(B|A)$$

② $P(A|B)=\dfrac{P(A\cap B)}{P(B)}$에서

$$P(A\cap B)=P(B)P(A|B)$$

개념 ③ 사건의 독립과 종속 · 유형 035~037

(1) 두 사건 A, B에 대하여 사건 A가 일어나거나 일어나지 않는 것이 사건 B가 일어날 확률에 영향을 미치지 않을 때, 두 사건 A, B는 서로 독립이라 한다. 즉,

$$P(B|A)=P(B|A^c)=P(B)$$

(2) 두 사건 A, B가 서로 독립이 아닐 때, 두 사건 A, B는 서로 종속이라 한다.

(3) 두 사건 A, B가 서로 독립이기 위한 필요충분조건은

$$P(A\cap B)=P(A)P(B) \ (단, P(A)>0, P(B)>0)$$

개념 ④ 독립시행의 확률 · 유형 038~039

(1) 독립시행

어떤 동일한 시행을 반복할 때, 각 시행의 결과가 다른 시행의 결과에 영향을 주지 않는 경우, 즉 각 시행에서 일어나는 사건이 서로 독립인 경우에 그러한 시행을 독립시행이라 한다.

(2) 독립시행의 확률

어떤 시행에서 사건 A가 일어날 확률이 p일 때, 이 시행을 n번 반복하는 독립시행에서 사건 A가 r번 일어날 확률은

$${}_n\mathrm{C}_r\,p^r(1-p)^{n-r} \ (단, r=0, 1, 2, \cdots, n)$$

개념 plus

● $P(A\cap B)$는 전체집합 S를 표본공간으로 생각했을 때 사건 $A\cap B$가 일어날 확률이고, $P(B|A)$는 사건 A를 표본공간으로 생각했을 때 사건 $A\cap B$가 일어날 확률이다.

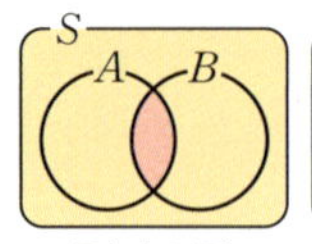
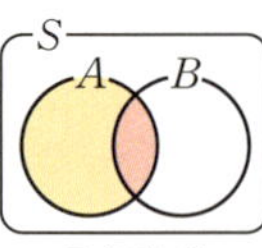

● $P(A\cap B)=P(A)P(B|A)$
　　　　　$=P(B)P(A|B)$

① $P(A)P(B|A)$는 사건 A가 일어날 확률 $P(A)$와 사건 A가 먼저 일어났을 때, 사건 B가 일어날 확률 $P(B|A)$의 곱이므로 두 사건 A, B가 모두 일어날 확률과 같다.

② $P(B)P(A|B)$는 사건 B가 일어날 확률 $P(B)$와 사건 B가 먼저 일어났을 때, 사건 A가 일어날 확률 $P(A|B)$의 곱이므로 두 사건 A, B가 모두 일어날 확률과 같다.

● 두 사건 A, B가 서로 독립이면

① 두 사건 A, B^c이 서로 독립이다.

② 두 사건 A^c, B가 서로 독립이다.

③ 두 사건 A^c, B^c이 서로 독립이다.

● 서로 독립인 사건과 서로 배반인 사건을 혼동하지 않도록 주의한다.

➡ 두 사건 A, B가 서로 배반
$\iff A\cap B=\varnothing \iff P(A\cap B)=0$

● 두 사건 A, B가 서로 종속일 필요충분조건은
$$P(A\cap B)\neq P(A)P(B)$$
$$(단, P(A)>0, P(B)>0)$$

● 독립시행의 예

① 주사위 또는 동전을 반복해서 던지는 시행

② 검은 공과 흰 공이 들어 있는 주머니에서 임의로 한 개의 공을 꺼내어 공의 색을 확인한 후 다시 주머니에 넣는 과정을 반복하는 시행

③ 성공률이 p로 알려진 게임을 반복하는 시행

✚ 개념 **콕콕** ✚

1 조건부확률

169

표본공간이 $S=\{x\,|\,x$는 10 이하의 자연수$\}$인 두 사건 A, B가 각각 $A=\{1,\ 3,\ 5,\ 7\}$, $B=\{x\,|\,x$는 10 이하의 소수$\}$일 때, 다음 값을 구하여라.

⑴ $\mathrm{P}(A\cap B)$ ⑵ $\mathrm{P}(A\,|\,B)$

170

각 면에 1부터 8까지의 자연수가 각각 하나씩 적힌 정팔면체 주사위를 던져서 나오는 눈의 수가 8의 약수일 때, 그 수가 소수일 확률을 구하여라.

2 확률의 곱셈정리

171

두 사건 A, B에 대하여 다음 물음에 답하여라.

⑴ $\mathrm{P}(A)=\dfrac{3}{5}$, $\mathrm{P}(B\,|\,A)=\dfrac{2}{3}$일 때, $\mathrm{P}(A\cap B)$의 값을 구하여라.

⑵ $\mathrm{P}(A\cap B)=\dfrac{1}{6}$, $\mathrm{P}(A\,|\,B)=\dfrac{3}{4}$일 때, $\mathrm{P}(B)$의 값을 구하여라.

172

당첨 제비가 2개 포함되어 있는 10개의 제비가 들어 있는 상자에서 두 학생 A, B가 차례대로 제비를 임의로 하나씩 뽑을 때, 다음을 구하여라. (단, 뽑은 제비는 다시 넣지 않는다.)

⑴ 학생 A가 당첨 제비를 뽑았을 때, 학생 B가 당첨 제비를 뽑을 확률

⑵ 학생 A가 당첨 제비를 뽑지 못했을 때, 학생 B가 당첨 제비를 뽑을 확률

3 사건의 독립과 종속

173

한 개의 주사위를 한 번 던질 때, 홀수의 눈이 나오는 사건을 A, 3 이하의 소수의 눈이 나오는 사건을 B라 하자. 다음 물음에 답하여라.

⑴ $\mathrm{P}(A)$, $\mathrm{P}(B)$, $\mathrm{P}(A\cap B)$의 값을 각각 구하여라.

⑵ $\mathrm{P}(A\,|\,B)$, $\mathrm{P}(A\,|\,B^{c})$의 값을 각각 구하여라.

⑶ 두 사건 A, B가 서로 독립인지 종속인지 말하여라.

174

서로 독립인 두 사건 A, B에 대하여 $\mathrm{P}(A)=\dfrac{1}{4}$, $\mathrm{P}(B)=\dfrac{1}{5}$일 때, 다음 값을 구하여라.

⑴ $\mathrm{P}(A\cap B)$ ⑵ $\mathrm{P}(A\cap B^{c})$

175

다음 물음에 답하여라.

⑴ 두 학생 A, B가 한 개의 주사위를 한 번씩 던질 때, 두 학생이 던진 주사위의 눈이 모두 3의 배수일 확률을 구하여라.

⑵ 자유투 성공률이 각각 $\dfrac{2}{3}$, $\dfrac{3}{5}$인 두 농구 선수 A, B가 한 번씩 자유투를 시도했을 때, 두 선수가 모두 자유투를 성공할 확률을 구하여라.

4 독립시행의 확률

176

한 개의 동전을 한 번 던질 때, 앞면이 나오는 사건을 A라 하자. 다음 물음에 답하여라.

⑴ $\mathrm{P}(A)$의 값을 구하여라.

⑵ 동전을 4번 던질 때, 사건 A가 2번 일어날 확률을 구하여라.

177

흰 공 1개와 검은 공 2개가 들어 있는 주머니에서 공을 임의로 한 개씩 꺼내어 색깔을 확인하고 다시 주머니 속에 넣는다. 이와 같은 시행을 3번 반복할 때, 검은 공이 2번 나올 확률을 구하여라.

사건 A가 일어났을 때 사건 B의 조건부확률

→ $P(B|A)=\dfrac{P(A\cap B)}{P(A)}$ (단, $P(A)>0$)

178 BOB 대표

두 사건 A, B에 대하여 $P(A)=\dfrac{1}{3}$, $P(B)=\dfrac{3}{4}$,

$P(A^c\cap B^c)=\dfrac{1}{6}$일 때, $P(A|B)$의 값은?

① $\dfrac{1}{4}$ ② $\dfrac{1}{3}$ ③ $\dfrac{1}{2}$

④ $\dfrac{2}{3}$ ⑤ $\dfrac{3}{4}$

179 중

두 사건 A, B에 대하여 $P(A)=\dfrac{1}{3}$, $P(A\cap B^c)=\dfrac{1}{6}$일 때, $P(B|A)$의 값은?

① $\dfrac{1}{4}$ ② $\dfrac{1}{3}$ ③ $\dfrac{1}{2}$

④ $\dfrac{2}{3}$ ⑤ $\dfrac{5}{6}$

180 중

두 사건 A, B에 대하여 $P(A)=\dfrac{1}{4}$, $P(B)=\dfrac{2}{3}$, $P(A|B)=\dfrac{1}{2}$일 때, $P(B^c|A^c)$의 값을 구하여라.

사건 A가 일어났을 때 사건 B가 일어날 조건부확률은 다음과 같은 순서로 구한다.

step 1 주어진 조건을 2행 2열의 표로 정리한다.
step 2 표에서 $P(A)$, $P(A\cap B)$의 값을 각각 구한다.
step 3 조건부확률 $P(B|A)$의 값을 구한다.

181 BOB 대표   다른 풀이

오른쪽 표는 어느 고등학교 학생 50명을 대상으로 수학과 문학 중 선호하는 과목을 조사하여 나타낸 것이다. 이 학생 중에서 임의로 택한 한 명이 여학생일 때, 그 학생이 수학을 선호할 확률을 구하여라. (단, 모든 학생은 수학과 문학 중 하나의 과목만 택한다.)

(단위 : 명)

	수학	문학
남학생	15	10
여학생	12	13

182 중

오른쪽 표는 어느 고등학교 학생 35명을 대상으로 드론과 코딩 동아리에 가입한 남학생 수와 여학생 수를 조사하여 나타낸 것이다. 이 학생 중에서 임의로 택한 한 명이 드론 동아리에 가입되어 있을 때, 그 학생이 남학생일 확률을 구하여라. (단, 모든 학생은 드론과 코딩 동아리 중 하나의 동아리에만 가입한다.)

(단위 : 명)

	드론 동아리	코딩 동아리
남학생	11	9
여학생	7	8

183 상

A 회사는 컴퓨터와 태블릿 PC를 합하여 8대, B 회사는 컴퓨터와 태블릿 PC를 합하여 10대를 구입하였다. A사에서는 컴퓨터를 태블릿보다 2대 많이 구입하였고, B사에서는 태블릿을 컴퓨터보다 2대 많이 구입하였다. 구입한 18대의 제품 중 임의로 택한 하나의 제품이 컴퓨터일 때, 이 제품이 B사에서 구입한 제품일 확률을 구하여라.

유형 033 — 두 사건 A, B가 동시에 일어날 확률은 확률의 곱셈 정리를 이용한다!

두 사건 A, B에 대하여 $P(A) > 0$, $P(B) > 0$일 때, 사건 $A \cap B$가 일어날 확률

➡ $P(A \cap B) = P(A)P(B|A) = P(B)P(A|B)$

184 BOB 대표

흰 공 3개, 검은 공 4개가 들어 있는 주머니에서 공을 임의로 한 개씩 두 번 꺼낸다. 꺼낸 두 공 모두 흰 공일 확률은?

(단, 꺼낸 공은 다시 넣지 않는다.)

① $\dfrac{1}{7}$ ② $\dfrac{2}{7}$ ③ $\dfrac{3}{7}$

④ $\dfrac{4}{7}$ ⑤ $\dfrac{5}{7}$

185 하

전체 인원수가 20명인 어느 동아리에서 11명이 여학생이다. 이 동아리에서 한 사람씩 차례대로 대표 2명을 뽑을 때, 뽑힌 대표 2명이 모두 여학생일 확률은?

① $\dfrac{11}{38}$ ② $\dfrac{6}{19}$ ③ $\dfrac{13}{38}$

④ $\dfrac{7}{19}$ ⑤ $\dfrac{15}{38}$

186 중   서술형

당첨 제비 4개를 포함하여 10개의 제비가 들어 있는 상자에서 두 사람 A, B가 차례대로 제비를 임의로 한 개씩 뽑을 때, 두 사람 모두 당첨 제비를 뽑을 확률을 구하여라.

(단, 뽑은 제비는 다시 넣지 않는다.)

유형 034 — 사건 E가 일어날 확률은 사건 A와 사건 A^c인 경우로 나누어서 생각한다!

두 사건 A, E에 대하여

(1) 사건 E가 일어날 확률

➡ $P(E) = P(A \cap E) + P(A^c \cap E)$
$= P(A)P(E|A) + P(A^c)P(E|A^c)$

(2) 사건 E가 일어났다는 조건 하에 사건 A가 일어날 확률

➡ $P(A|E) = \dfrac{P(A \cap E)}{P(E)} = \dfrac{P(A \cap E)}{P(A \cap E) + P(A^c \cap E)}$

187 BOB 대표

A 주머니에는 1부터 4까지 자연수가 각각 하나씩 적힌 4개의 공이 들어 있고, B 주머니에는 5부터 7까지 자연수가 각각 하나씩 적힌 3개의 공이 들어 있다. 두 주머니 A, B 중에서 임의로 하나를 택하여 그 안에 들어 있는 공을 하나 꺼냈을 때, 그 공에 적힌 수가 소수일 확률은?

① $\dfrac{1}{4}$ ② $\dfrac{1}{3}$ ③ $\dfrac{5}{12}$

④ $\dfrac{1}{2}$ ⑤ $\dfrac{7}{12}$

188 중

흰 공 3개, 검은 공 4개가 들어 있는 주머니에서 두 사람 A, B가 차례대로 공을 임의로 한 개씩 꺼낼 때, B가 흰 공을 꺼낼 확률을 구하여라. (단, 꺼낸 공은 다시 넣지 않는다.)

189 상

어느 회사에서 같은 제품을 두 공장 A, B에서 생산하는데 A 공장과 B 공장의 생산량은 각각 전체 제품의 30 %, 70 %이고, 불량률은 각각 3 %, 5 %라 한다. 두 공장에서 생산된 제품 중에서 임의로 한 개의 제품을 택하였더니 불량품이었을 때, 그 제품이 A 공장에서 생산되었을 확률을 구하여라.

유형 035

$P(A\cap B)=P(A)P(B)$이면 두 사건 A, B가 서로 독립임을 생각하자!

두 사건 A, B에 대하여
(1) $P(A\cap B)=P(A)P(B)$이면 서로 독립이다.
(2) $P(A\cap B)\neq P(A)P(B)$이면 서로 종속이다.

190 BOB 대표

1부터 4까지의 자연수가 각각 하나씩 적힌 4장의 카드 중에서 임의로 두 장의 카드를 뽑을 때, 두 장의 카드에 적힌 수가 모두 소수인 사건을 A, 큰 수가 4인 사건을 B, 작은 수가 2인 사건을 C라 하자. 〈보기〉에서 서로 독립인 사건인 것만을 있는 대로 골라라.

> 보기
> ㄱ. A와 B ㄴ. A와 C ㄷ. B와 C

191 중

주사위 한 개를 던져서 홀수의 눈이 나오는 사건을 A, 짝수의 눈이 나오는 사건을 B, 4 이하의 소수의 눈이 나오는 사건을 C라 할 때, 〈보기〉에서 서로 종속인 사건만을 있는 대로 골라라.

> 보기
> ㄱ. A와 B ㄴ. A와 C ㄷ. B와 C

유형 036

두 사건 A, B가 서로 독립이면 $P(A\cap B)=P(A)P(B)$임을 생각하자!

두 사건 A, B가 서로 독립이면
$$P(A\cap B)=P(A)P(B)$$

192 BOB 대표

두 사건 A, B가 서로 독립이고 $P(A\cap B^{c})=\dfrac{1}{5}$, $P(A\cup B)=\dfrac{3}{5}$일 때, $P(A)$의 값을 구하여라.

193 하

두 사건 A, B가 서로 독립이고 $P(A\cup B)=\dfrac{2}{3}$, $P(B)=\dfrac{1}{2}$일 때, $P(A)$의 값을 구하여라.

유형 037

두 사건 A, B가 서로 독립이면 A^{c}과 B, A와 B^{c}, A^{c}과 B^{c}이 모두 독립이다!

(1) 두 사건 A, B가 서로 독립
  $\Longleftrightarrow P(A\cap B)=P(A)P(B)$ (단, $P(A)>0$, $P(B)>0$)
(2) 두 사건 A, B가 서로 독립
  ➡ A^{c}과 B, A와 B^{c}, A^{c}과 B^{c}도 서로 독립이다.

194 BOB 대표

흰 공 3개와 검은 공 2개가 들어 있는 주머니에서 두 학생 A, B가 차례대로 공을 임의로 하나씩 꺼내어 색을 확인하고 다시 주머니 속에 넣는다. 이와 같은 시행을 한 번씩 번갈아가면서 반복할 때, A 학생이 두 번째로 공을 꺼냈을 때 처음으로 흰 공이 나올 확률은?

① $\dfrac{12}{125}$ ② $\dfrac{14}{125}$ ③ $\dfrac{16}{125}$

④ $\dfrac{18}{125}$ ⑤ $\dfrac{4}{25}$

195 하

A 주머니에는 흰 공 4개, 검은 공 4개가 들어 있고, B 주머니에는 흰 공 4개, 검은 공 3개가 들어 있다. 두 주머니 A, B에서 각각 임의로 공을 한 개씩 꺼낼 때, 2개 모두 검은 공일 확률은?

① $\dfrac{1}{14}$ ② $\dfrac{1}{7}$ ③ $\dfrac{3}{14}$

④ $\dfrac{2}{7}$ ⑤ $\dfrac{5}{14}$

196 중   서술형

오른쪽 그림과 같이 두 개의 스위치 A, B가 있는 회로에서 두 스위치가 닫혀 있을 확률이 각각 $\dfrac{1}{2}$, $\dfrac{3}{5}$이라 한다. 전구에 불이 켜질 확률을 구하여라.

（단, 각 스위치가 열리고 닫히는 사건은 서로 독립이다.）

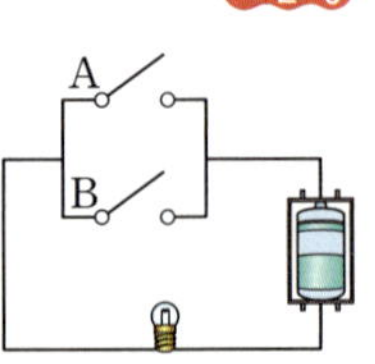

유형 038

어떤 시행을 같은 조건에서 반복할 때, 각 시행이 서로 독립이면 **독립시행의 확률**을 생각한다!

어떤 시행에서 사건 A가 일어날 확률이 p일 때, 이 시행을 n번 반복하는 독립시행에서 사건 A가 r번 일어날 확률은
$$_n\mathrm{C}_r\,p^r(1-p)^{n-r} \quad (\text{단},\ r=0,\ 1,\ 2,\ \cdots,\ n)$$

197 BOB 대표

각 면에 1부터 4까지 숫자가 각각 하나씩 적힌 정사면체가 있다. 이 정사면체를 4번 던질 때, 숫자 3이 적어도 두 번 나올 확률은?

① $\dfrac{37}{256}$ ② $\dfrac{47}{256}$ ③ $\dfrac{57}{256}$

④ $\dfrac{67}{256}$ ⑤ $\dfrac{77}{256}$

198 하

타율이 0.25인 야구 선수가 세 번의 타석 중에서 한 타석 이상 안타를 칠 확률은?

① $\dfrac{17}{64}$ ② $\dfrac{27}{64}$ ③ $\dfrac{37}{64}$

④ $\dfrac{47}{64}$ ⑤ $\dfrac{57}{64}$

199 중

4문제 중에서 3문제 이상을 맞히면 합격하는 시험이 있다. 각 문제를 맞힐 확률이 $\dfrac{2}{3}$인 학생이 이 시험에 합격할 확률은?

① $\dfrac{1}{27}$ ② $\dfrac{2}{27}$ ③ $\dfrac{4}{27}$

④ $\dfrac{8}{27}$ ⑤ $\dfrac{16}{27}$

유형 039

독립시행의 확률을 활용하기 위해 먼저 주어진 조건을 만족시키는 모든 경우를 생각한다!

경우를 나누어 독립시행의 확률을 구할 때에는 다음과 같은 순서로 구한다.

step 1 주어진 조건을 만족시키는 경우를 먼저 생각한다.

step 2 독립시행의 확률을 이용하여 각 경우의 확률을 구한다.

step 3 배반사건에서의 확률의 덧셈정리를 이용하여 확률을 구한다.

200 BOB 대표

수직선 위의 원점에 점 P가 있다. 한 개의 주사위를 던져서 3 이상의 눈이 나오면 $+2$만큼, 그 밖의 경우에는 -1만큼 움직인다. 주사위를 4번 던졌을 때, 점 P의 좌표가 5일 확률은?

① $\dfrac{4}{81}$ ② $\dfrac{8}{81}$ ③ $\dfrac{16}{81}$

④ $\dfrac{32}{81}$ ⑤ $\dfrac{64}{81}$

201 하

수직선 위의 원점에 점 P가 있다. 한 개의 동전을 던져서 앞면이 나오면 $+1$만큼, 뒷면이 나오면 -1만큼 움직인다. 동전을 6번 던질 때, 점 P가 원점에 있을 확률을 구하여라.

202 중  서술형

7번의 경기 중에서 4번을 먼저 이기는 팀이 최종 우승하는 야구 결승 대회에 A팀과 B팀이 진출하였다. 여섯 번째 경기에서 우승팀이 결정될 확률을 구하여라.

$\left(\text{단, A팀이 B팀을 이길 확률은 } \dfrac{1}{3}\text{이고 비기는 경우는 없다.}\right)$

203

오른쪽 표는 어느 마라톤 대회에 참가한 50명의 동호회 회원을 대상으로 마라톤에서 완주한 회원 수를 조사하여 나타낸 것이다. 이 회원 중에서 임의로 택한 한 명이 여성이었을 때, 그 회원이 마라톤에서 완주하였을 확률은?

(단위 : 명)

	남성	여성
완주한 회원 수	27	9
기권한 회원 수	8	6

① $\dfrac{1}{5}$ ② $\dfrac{2}{5}$ ③ $\dfrac{3}{5}$

④ $\dfrac{2}{3}$ ⑤ $\dfrac{5}{6}$

204

어느 학교의 전체 학생은 360명이고, 각 학생은 체험 학습 A, 체험 학습 B 중 하나를 택하였다. 이 학교의 학생 중에서 체험 학습 A를 택한 학생은 남학생 90명과 여학생 70명이다. 이 학교의 학생 중에서 임의로 택한 한 명의 학생이 체험 학습 B를 택한 학생일 때, 이 학생이 남학생일 확률은 $\dfrac{2}{5}$이다. 이 학교의 여학생 수는?

① 160 ② 170 ③ 180
④ 190 ⑤ 200

205

한 개의 주사위를 두 번 던져서 6의 눈이 한 번도 나오지 않을 때, 나온 두 눈의 수의 합이 4의 배수일 확률은?

① $\dfrac{4}{25}$ ② $\dfrac{1}{5}$ ③ $\dfrac{6}{25}$

④ $\dfrac{7}{25}$ ⑤ $\dfrac{8}{25}$

206

한 개의 주사위를 던질 때 짝수의 눈이 나오는 사건을 A, 소수의 눈이 나오는 사건을 B라 하자. $\mathrm{P}(B|A)-\mathrm{P}(B|A^c)$의 값은?

① $-\dfrac{1}{3}$ ② $-\dfrac{1}{6}$ ③ 0

④ $\dfrac{1}{6}$ ⑤ $\dfrac{1}{3}$

207

빨간 공 3개, 노란 공 4개가 들어 있는 주머니에서 공을 임의로 2개씩 세 번 꺼내는 시행을 반복할 때, 세 번째 시행에서 처음으로 서로 다른 색의 공을 꺼낼 확률은?

(단, 꺼낸 공은 다시 넣지 않는다.)

① $\dfrac{2}{35}$ ② $\dfrac{3}{35}$ ③ $\dfrac{4}{35}$

④ $\dfrac{6}{35}$ ⑤ $\dfrac{8}{35}$

208

어떤 제품은 전체 생산량의 30 %, 20 %, 50 %가 각각 세 공장 A, B, C에서 생산되고, 제품의 불량률은 각각 2 %, 4 %, a %라 한다. 세 공장 A, B, C에서 생산된 제품 중에서 임의로 선택한 한 개의 제품이 불량품일 때, 그 제품이 C 공장에서 생산된 제품이었을 확률은 $\dfrac{15}{29}$이다. a의 값을 구하여라.

(단, 세 공장 A, B, C에서 다른 제품은 생산되지 않는다.)

209

흰 공 1개, 파란 공 2개, 검은 공 3개가 들어 있는 주머니에서 임의로 한 개의 공을 꺼내어 색을 확인한 후 꺼낸 공과 같은 색의 공을 한 개 추가하여 꺼낸 공과 함께 주머니에 넣는다. 이와 같은 시행을 두 번 반복하여 두 번째 꺼낸 공이 검은 공이었을 때, 첫 번째 꺼낸 공도 검은 공이었을 확률을 구하여라.

210

1부터 10까지 자연수가 각각 하나씩 적힌 10장의 카드 중에서 임의로 한 장의 카드를 뽑을 때, n의 배수가 적힌 카드를 뽑는 사건을 A_n이라 하자. 〈보기〉에서 옳은 것만을 있는 대로 골라라.

보기

ㄱ. A_3과 A_4는 서로 배반사건이다.

ㄴ. $\mathrm{P}(A_4|A_2)=\dfrac{1}{5}$

ㄷ. A_2와 A_5는 서로 독립이다.

259

한 개의 동전을 400번 던져서 앞면이 나오는 횟수를 확률변수 X 라 할 때, $aX-b$의 평균이 796, 분산이 1600이다. 양수 a, b에 대하여 ab의 값은?

① 8   ② 10   ③ 12

④ 14   ⑤ 16

260 보충 설명

한 개의 동전을 5번 던져서 앞면이 나오는 횟수를 확률변수 X라 하자. $(X-a)^2$의 기댓값의 최솟값을 구하여라.

(단, a는 실수이다.)

261

좌표평면 위의 원점에 있는 점 $P(x, y)$에 대하여 한 개의 주사위를 던져서 1, 2, 3, 4의 눈이 나오면 x축의 방향으로 1만큼, 5, 6의 눈이 나오면 y축의 방향으로 1만큼 움직인다. 주사위를 20번 던질 때 점 P의 x좌표를 확률변수 X라 하고, 점 P의 y좌표를 확률변수 Y라 할 때, $\mathrm{E}(3X)+\mathrm{V}(3Y-5)$의 값을 구하여라.

262 수학 I 통합 유형 보충 설명

서로 다른 두 개의 주사위를 동시에 던져서 나온 두 눈의 수의 차가 2 이하인 사건을 A라 하자. 이 시행을 36번 반복해서 사건 A가 발생하는 횟수를 확률변수 X라 할 때, X의 확률질량함수 $\mathrm{P}(X=x)$에 대하여 $\sum\limits_{x=0}^{36} x^2 \mathrm{P}(X=x)$의 값을 구하여라.

263 수학 I 통합 유형 보충 설명

집합 $A=\{1, 2, 3, \cdots, n\}$의 부분집합 중에서 임의로 한 개를 택할 때, 부분집합의 원소의 개수를 확률변수 X라 하자. 다음은 $\mathrm{E}(X)$를 구하는 과정이다.

집합 A의 모든 부분집합의 개수는 $\boxed{(가)}$ 이고, 원소의 개수가 r $(0 \le r \le n)$인 부분집합의 개수는 서로 다른 n개에서 r개를 택하는 조합의 수와 같으므로 $_n\mathrm{C}_r$이다.

따라서 $\mathrm{P}(X=r)=\dfrac{_n\mathrm{C}_r}{\boxed{(가)}}$이고

$\mathrm{E}(X)=\sum\limits_{r=0}^{n} r\mathrm{P}(X=r)$이므로

$r \times _n\mathrm{C}_r = n \times \boxed{(나)}$ 를 이용하면

$\mathrm{E}(X)=\dfrac{1}{\boxed{(가)}} \times \sum\limits_{r=\boxed{(다)}}^{n} (n \times \boxed{(나)}) = \boxed{(라)}$ 이다.

위의 과정에서 (가)~(라)에 알맞은 것은?

(단, 모든 부분집합을 택할 확률은 같다.)

	(가)	(나)	(다)	(라)
①	2^n	$_n\mathrm{C}_r$	0	$\dfrac{n}{2}$
②	2^n	$_{n-1}\mathrm{C}_{r-1}$	1	$\dfrac{n}{2}$
③	2^n	$_{n+1}\mathrm{C}_{r+1}$	0	n
④	2^{n+1}	$_n\mathrm{C}_r$	0	$2n$
⑤	2^{n+1}	$_{n-1}\mathrm{C}_{r-1}$	1	n

264 서술형

확률변수 X의 확률분포가 다음 표와 같고 $\mathrm{P}(0 \le X \le 2)=\dfrac{3}{4}$일 때, $\mathrm{P}(X=-1)$의 값을 구하여라. (단, a는 상수이다.)

X	-1	0	1	2	합계
$\mathrm{P}(X=x)$	$\dfrac{3-a}{8}$	$\dfrac{1}{8}$	$\dfrac{3+a}{8}$	$\dfrac{1}{8}$	1

265 수학 I 통합 유형 서술형

$A=\sum\limits_{r=0}^{16} r \times _{16}\mathrm{C}_r \left(\dfrac{1}{4}\right)^r \left(\dfrac{3}{4}\right)^{16-r}$, $B=\sum\limits_{r=0}^{16} r^2 \times _{16}\mathrm{C}_r \left(\dfrac{1}{4}\right)^r \left(\dfrac{3}{4}\right)^{16-r}$,

$C=\sum\limits_{r=0}^{8} 2^r \times _8\mathrm{C}_r \left(\dfrac{1}{4}\right)^r \left(\dfrac{3}{2}\right)^{8-r}$일 때, $A+B+C$의 값을 구하여라.

06 연속확률분포

개념 ① 연속확률변수 　유형 048~049

(1) 연속확률변수

　확률변수 X가 어떤 범위에 속하는 모든 실수 값을 가질 때, X를 연속확률변수라 한다.

(2) 확률밀도함수

　$\alpha \le X \le \beta$에서 모든 실수 값을 가질 수 있는 연속확률변수 X에 대하여 $\alpha \le x \le \beta$에서 정의된 함수 $f(x)$가 다음 세 가지 성질을 만족시킬 때, 함수 $f(x)$를 확률변수 X의 확률밀도함수라 한다.

① $f(x) \ge 0$

② 함수 $y=f(x)$의 그래프와 x축 및 두 직선 $x=\alpha$, $x=\beta$로 둘러싸인 도형의 넓이는 1이다.

③ 확률 $P(a \le X \le b)$는 함수 $y=f(x)$의 그래프와 x축 및 두 직선 $x=a$, $x=b$로 둘러싸인 도형의 넓이와 같다. (단, $\alpha \le a \le b \le \beta$)

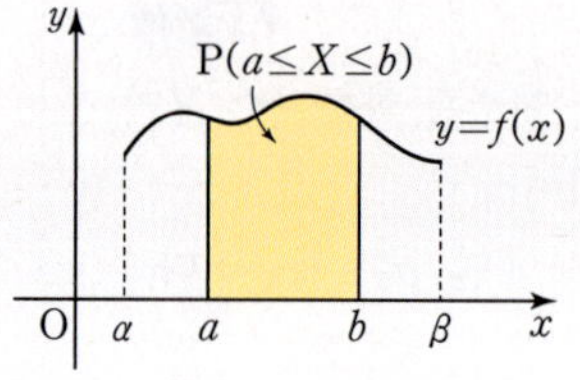

개념 ② 정규분포 　유형 050~051

(1) 정규분포

　실수 전체의 집합에서 정의된 연속확률변수 X의 확률밀도함수 $f(x)$가 두 상수 m과 $\sigma \; (\sigma > 0)$에 대하여

$$f(x) = \frac{1}{\sqrt{2\pi}\,\sigma}\, e^{-\frac{(x-m)^2}{2\sigma^2}}$$

일 때, X의 확률분포를 정규분포라 한다.

이때, 확률밀도함수 $f(x)$의 그래프는 오른쪽 그림과 같고, 이 곡선을 정규분포곡선이라 한다.

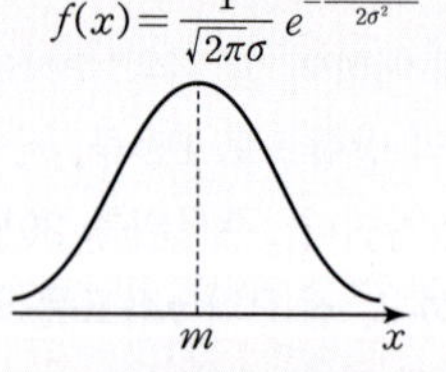

(2) 평균이 m, 분산이 σ^2인 정규분포를 기호로 $N(m, \sigma^2)$과 같이 나타내고, 확률변수 X는 정규분포 $N(m, \sigma^2)$을 따른다고 한다.

개념 ③ 표준정규분포 　유형 052~054

(1) 평균이 0, 표준편차가 1인 정규분포 $N(0, 1)$을 표준정규분포라 하고, 확률변수 Z가 표준정규분포 $N(0, 1)$을 따를 때 Z의 확률밀도함수 $f(z)$는

$$f(z) = \frac{1}{\sqrt{2\pi}}\, e^{-\frac{z^2}{2}}$$

(2) 정규분포의 표준화

　확률변수가 X가 정규분포 $N(m, \sigma^2)$을 따를 때

① 확률변수 $Z = \dfrac{X-m}{\sigma}$ 은 표준정규분포 $N(0, 1)$을 따른다.

② $P(a \le X \le b) = P\left(\dfrac{a-m}{\sigma} \le Z \le \dfrac{b-m}{\sigma}\right)$

개념 ④ 이항분포와 정규분포의 관계 　유형 055

확률변수 X가 이항분포 $B(n, p)$를 따를 때, $\underline{n\text{이 충분히 크면}}$ X는 근사적으로 정규분포 $N(np, npq)$를 따른다. (단, $q=1-p$)
　　　　　　　　　　　　　　　　　　　　ⓐ

➕ 개념 plus

◆ 연속확률변수 X에 대하여
$P(X=b)=0$이므로
$P(a \le X \le b)$
$= P(a \le X < b) + P(X=b)$
$= P(a \le X < b)$
이고, 마찬가지 방법으로 다음이 성립한다.
$$P(a \le X \le b) = P(a \le X < b)$$
$$= P(a < X \le b)$$
$$= P(a < X < b)$$

◆ e는 값이 $2.718281\cdots$인 무리수이다.

◆ σ의 값이 일정할 때, m의 값이 달라지면 대칭축의 위치는 바뀌지만 모양은 변하지 않는다.

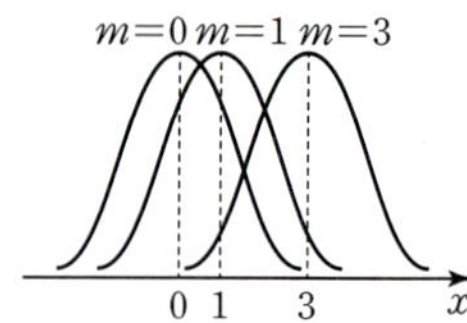

◆ 표준편차 σ는 자료들이 평균을 중심으로 흩어진 정도를 나타내므로 m의 값이 일정할 때, σ의 값이 클수록 가운데 부분의 높이는 낮아지고 옆으로 퍼진 모양이 된다.

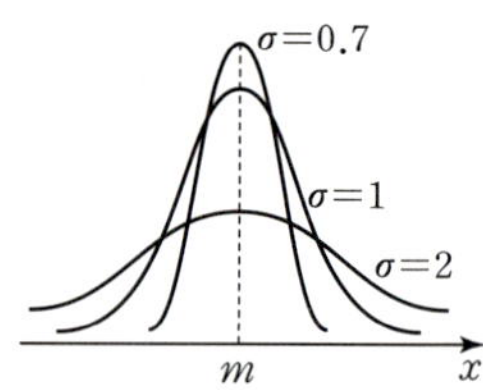

◆ 확률변수 Z가 표준정규분포를 따를 때, $0 < a < b$인 a, b에 대하여

① $P(a \le Z \le b)$
　$= P(0 \le Z \le b) - P(0 \le Z \le a)$
② $P(0 \le Z \le a) = P(-a \le Z \le 0)$
③ $P(Z \le 0) = P(Z \ge 0) = 0.5$
④ $P(Z \le a) = 0.5 + P(0 \le Z \le a)$
⑤ $P(Z \ge a) = 0.5 - P(0 \le Z \le a)$

ⓐ n이 충분히 크다는 것은 일반적으로 $np \ge 5$, $nq \ge 5$일 때를 뜻한다.

개념 콕콕

1 연속확률변수

266

다음 중 연속확률변수가 <u>아닌</u> 것은?

① 지하철을 기다리는 시간
② 서울에서 측정된 강수량
③ A 고등학교 학생들의 키
④ 이투스북 교재들의 페이지 수
⑤ A 고등학교 학생들의 몸무게

267

연속확률변수 X의 확률밀도함수가 $f(x)=ax\ (0\le x\le 3)$일 때, 다음 값을 구하여라.

(1) 상수 a (2) $\mathrm{P}(0\le X\le 2)$

2 정규분포

268

다음 중 정규분포 $\mathrm{N}(m,\ \sigma^2)$을 따르는 확률변수 X의 확률밀도함수 $f(x)$의 그래프의 성질이 <u>아닌</u> 것은?

① 직선 $x=m$에 대하여 대칭인 곡선이다.
② 곡선과 x축 사이의 넓이는 1이다.
③ $\mathrm{P}(X\le m)=\mathrm{P}(X\ge m)=0.5$
④ 표준편차 σ의 값이 클수록 가운데 부분의 높이는 높아진다.
⑤ x축이 점근선이다.

269

정규분포 $\mathrm{N}(60,\ 10^2)$을 따르는 확률변수 X에 대하여 확률변수 $Y=2X-30$일 때, 다음 값을 구하여라.

(1) $\mathrm{E}(X)$ (2) $\sigma(X)$

(3) $\mathrm{E}(Y)$ (4) $\mathrm{V}(Y)$

270

정규분포 $\mathrm{N}(m,\ \sigma^2)$을 따르는 확률변수 X에 대하여
$$\mathrm{P}(m\le X\le m+\sigma)=a,\ \mathrm{P}(m\le X\le m+2\sigma)=b$$
일 때, 다음을 a, b에 대한 식으로 나타내어라.

(1) $\mathrm{P}(X\ge m-\sigma)$

(2) $\mathrm{P}(m-2\sigma\le X\le m+2\sigma)$

(3) $\mathrm{P}(X\ge m+2\sigma)$

3 표준정규분포

271

확률변수 Z가 표준정규분포 $\mathrm{N}(0,\ 1)$을 따를 때, 오른쪽 표준정규분포표를 이용하여 다음 값을 구하여라.

z	$\mathrm{P}(0\le Z\le z)$
0.5	0.1915
1.0	0.3413
1.5	0.4332
2.0	0.4772
3.0	0.4987

(1) $\mathrm{P}(Z\ge 0)$

(2) $\mathrm{P}(0\le Z\le 2)$

(3) $\mathrm{P}(-2\le Z\le 2)$

(4) $\mathrm{P}(1\le Z\le 2)$

(5) $\mathrm{P}(-1.5\le Z\le 3)$

(6) $\mathrm{P}(Z\ge -1)$

272

확률변수 X가 정규분포 $\mathrm{N}(12,\ 4^2)$을 따를 때, 오른쪽 표준정규분포표를 이용하여 다음 값을 구하여라.

z	$\mathrm{P}(0\le Z\le z)$
0.5	0.1915
1.0	0.3413
1.5	0.4332
2.0	0.4772

(1) $\mathrm{P}(12\le X\le 20)$

(2) $\mathrm{P}(8\le X\le 16)$

(3) $\mathrm{P}(X\le 8)$

(4) $\mathrm{P}(16\le X\le 20)$

4 이항분포와 정규분포의 관계

273

확률변수 X가 이항분포 $\mathrm{B}\left(100,\ \dfrac{1}{5}\right)$을 따를 때, 오른쪽 표준정규분포표를 이용하여 다음 값을 구하여라.

z	$\mathrm{P}(0\le Z\le z)$
0.5	0.1915
1.0	0.3413
1.5	0.4332
2.0	0.4772

(1) $\mathrm{P}(16\le X\le 20)$

(2) $\mathrm{P}(16\le X\le 28)$

(3) $\mathrm{P}(X\ge 14)$

(4) $\mathrm{P}(X\ge 28)$

유형 048
확률밀도함수의 그래프와 x축으로 둘러싸인 부분의 넓이는 **1**임을 생각하자!

연속확률변수 X의 확률밀도함수 $f(x)$ $(\alpha \leq x \leq \beta)$에 대하여
(1) $f(x) \geq 0$
(2) 함수 $y=f(x)$의 그래프와 x축 및 두 직선 $x=\alpha$, $x=\beta$로 둘러싸인 도형의 넓이는 1이다.
(3) 확률 $\mathrm{P}(a \leq X \leq b)$는 함수 $y=f(x)$의 그래프와 x축 및 두 직선 $x=a$, $x=b$로 둘러싸인 도형의 넓이와 같다.
(단, $\alpha \leq a \leq b \leq \beta$)

274 **BOB 대표**

$0 \leq x \leq a$에서 정의된 연속확률변수 X의 확률밀도함수 $f(x)$의 그래프가 오른쪽 그림과 같고 $\mathrm{P}(0 \leq X \leq b) = \dfrac{3}{5}$일 때, 상수 a, b에 대하여 $a+b$의 값을 구하여라.

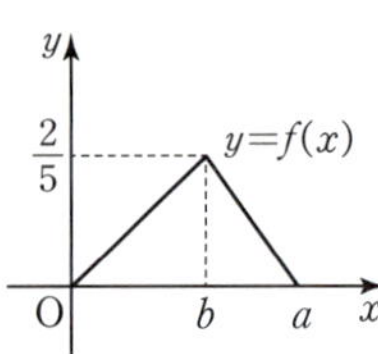

275 **하**

$0 \leq x \leq 4$에서 정의된 연속확률변수 X의 확률밀도함수 $f(x)$의 그래프가 오른쪽 그림과 같을 때, $\mathrm{P}(0 \leq X \leq 2)$의 값은?
(단, k는 상수이다.)

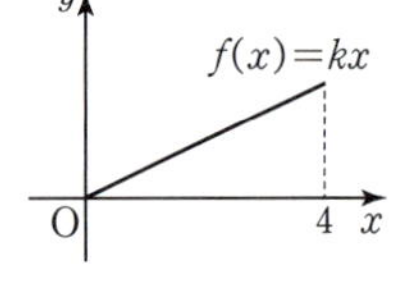

① $\dfrac{1}{6}$ ② $\dfrac{1}{4}$ ③ $\dfrac{1}{3}$

④ $\dfrac{5}{12}$ ⑤ $\dfrac{1}{2}$

276 **중**

$0 \leq x \leq 2$에서 정의된 함수 $y=f(x)$의 그래프 중 〈보기〉에서 확률밀도함수의 그래프가 될 수 있는 것만을 있는 대로 골라라.

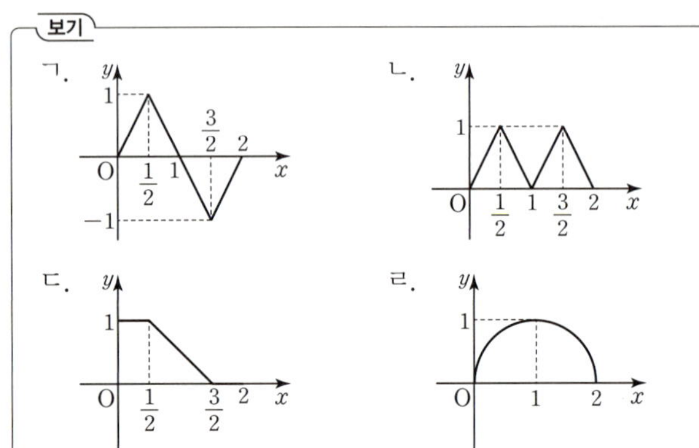

유형 049
연속확률변수의 확률은 확률밀도함수의 그래프와 x축 및 두 직선 $x=a$, $x=b$로 둘러싸인 부분의 넓이이다!

연속확률변수 X의 확률밀도함수 $f(x)$의 그래프를 그린다. 이때, 확률 $\mathrm{P}(a \leq X \leq b)$는 함수 $y=f(x)$의 그래프와 x축 및 두 직선 $x=a$, $x=b$로 둘러싸인 부분의 넓이와 같다.

277 **BOB 대표**

연속확률변수 X의 확률밀도함수가
$$f(x)=a|x| \ (-2 \leq x \leq 2)$$
일 때, $\mathrm{P}\left(-\dfrac{1}{2} \leq X \leq \dfrac{3}{2}\right)$의 값은? (단, a는 상수이다.)

① $\dfrac{1}{16}$ ② $\dfrac{3}{16}$ ③ $\dfrac{5}{16}$

④ $\dfrac{7}{16}$ ⑤ $\dfrac{9}{16}$

278 **하** **서술형**

연속확률변수 X의 확률밀도함수가
$$f(x)=ax \ (0 \leq x \leq 3)$$
일 때, $\mathrm{P}(1 \leq X \leq 3)$의 값을 구하여라. (단, a는 상수이다.)

279 **중**

연속확률변수 X의 확률밀도함수가
$$f(x)=\dfrac{1}{2}-\dfrac{x}{8} \ (0 \leq x \leq 4)$$
일 때, $\mathrm{P}(0 \leq X \leq k)=\dfrac{7}{16}$을 만족시키는 상수 k의 값을 구하여라.

유형 050 정규분포곡선은 직선 $x=m$에 대하여 대칭이고 표준편차가 클수록 폭이 넓어진다!

정규분포곡선의 성질

(1) 직선 $x=m$에 대하여 대칭인 종 모양의 곡선이다.

(2) 곡선과 x축 사이의 넓이는 1이다.

(3) σ의 값이 일정할 때, m의 값이 달라지면 대칭축의 위치는 바뀌지만 모양은 변하지 않는다.

(4) m의 값이 일정할 때, σ의 값이 클수록 가운데 부분의 높이는 낮아지고 옆으로 퍼진 모양이 된다.

280 BOB 대표

네 학급 A, B, C, D의 학생들의 수학 성적 분포가 각각 정규분포를 따르고 확률밀도함수의 그래프가 오른쪽 그림과 같을 때, 평균이 가장 큰 학급과 표준편차가 가장 큰 학급을 차례대로 적은 것은?

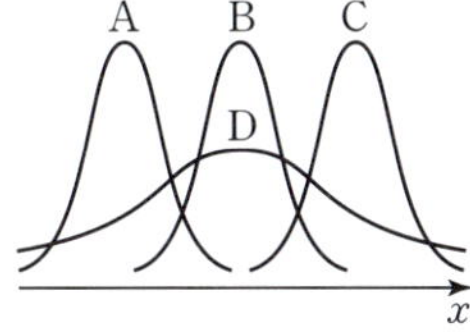

① A, C ② A, D ③ B, C
④ B, D ⑤ C, D

281 중

확률변수 X가 정규분포 $N(35, 5^2)$을 따를 때, $P(a-4 \le X \le a+2)$가 최대가 되도록 하는 상수 a의 값을 구하여라.

282 중 서술형

정규분포 $N(m, \sigma^2)$을 따르는 확률변수 X가 다음 조건을 만족시킬 때, $m+\sigma$의 값을 구하여라.

(가) $P(X \le 0)=P(X \ge 16)$

(나) $V\left(\dfrac{1}{6}X+8\right)=1$

유형 051 정규분포곡선은 직선 $x=m$에 대하여 대칭이므로 $P(X \ge m)=P(X \le m)=0.5$임을 생각하자!

확률변수 X가 정규분포 $N(m, \sigma^2)$을 따를 때, 확률밀도함수 $f(x)$의 그래프는 직선 $x=m$에 대하여 대칭이므로

(1) $P(X \ge m)=P(X \le m)=0.5$

(2) $P(m-\sigma \le X \le m)=P(m \le X \le m+\sigma)$

283 BOB 대표

확률변수 X가 정규분포 $N(39, 3^2)$을 따를 때, 오른쪽 표를 이용하여 $P(X \le k)=0.0228$을 만족시키는 상수 k의 값을 구하면? (단, m은 평균이고, σ는 표준편차이다.)

x	$P(m \le X \le x)$
$m+\sigma$	0.3413
$m+2\sigma$	0.4772
$m+3\sigma$	0.4987

① 33 ② 36 ③ 39
④ 42 ⑤ 45

284 하

확률변수 X가 정규분포 $N(30, 3^2)$을 따를 때, 오른쪽 표를 이용하여 $P(X \ge 33)$의 값을 구하여라. (단, m은 평균이고, σ는 표준편차이다.)

x	$P(m \le X \le x)$
$m+\sigma$	0.3413
$m+2\sigma$	0.4772
$m+3\sigma$	0.4987

285 중

정규분포 $N(m, \sigma^2)$의 확률밀도함수의 그래프와 구간별 확률이 오른쪽 그림과 같다. 확률변수 X가 정규분포 $N(m, \sigma^2)$을 따를 때, $P(X \le m+k\sigma)=0.9772$를 만족시키는 상수 k의 값을 구하여라.

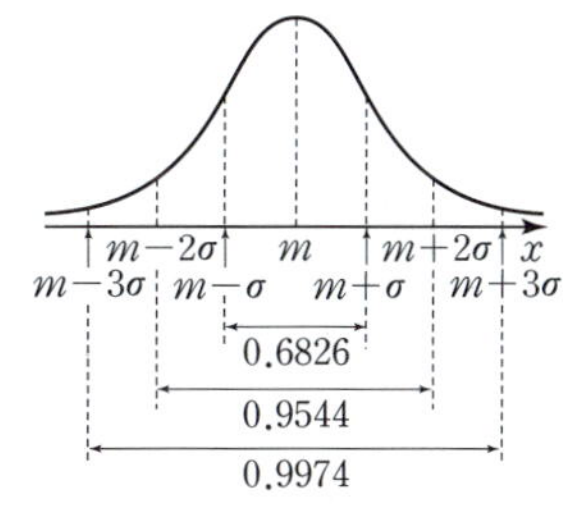

유형 052
정규분포를 따르는 두 확률변수 X, Y를 표준정규분포를 따르는 확률변수 Z로 바꾸어 비교할 수 있다!

확률변수 X가 정규분포 $N(m, \sigma^2)$을 따를 때

(1) 확률변수 $Z = \dfrac{X-m}{\sigma}$은 표준정규분포 $N(0, 1)$을 따른다.

(2) $P(u \le X \le b) = P\left(\dfrac{a-m}{\sigma} \le Z \le \dfrac{b-m}{\sigma}\right)$

286 BOB 대표
두 확률변수 X, Y가 각각 정규분포 $N(12, 2^2)$, $N(20, 4^2)$을 따르고 $P(10 \le X \le 16) = P(k \le Y \le 24)$일 때, 상수 k의 값은?

① 12 ② 14 ③ 16
④ 18 ⑤ 20

287 하
확률변수 X가 정규분포 $N(50, 10^2)$을 따를 때, $P(X \ge 55)$의 값은? (단, $P(0 \le Z \le 0.5) = 0.1915$)

① 0.1915 ② 0.3085 ③ 0.3830
④ 0.6915 ⑤ 0.8085

288 중
확률변수 X는 정규분포 $N(5, 2^2)$을 따르고 확률변수 Y는 정규분포 $N(m, 3^2)$을 따른다. $P(1 \le X \le 9) = 2P(m \le Y \le 2m+1)$을 만족시키는 상수 m의 값을 구하여라.

유형 053
정규분포를 따르는 확률변수 X의 확률은 표준정규분포표를 이용해서 구할 수 있다!

확률변수 X가 정규분포 $N(m, \sigma^2)$을 따를 때, 주어진 확률은 다음과 같은 순서로 구한다.

step 1 확률변수 X를 $Z = \dfrac{X-m}{\sigma}$으로 표준화 한다.

step 2 표준정규분포표를 이용하여 주어진 확률을 구한다.

289 BOB 대표
정규분포 $N(45, 10^2)$을 따르는 확률변수 X에 대하여 확률변수 Y가 $Y = 2X - 10$일 때, 오른쪽 표준정규분포표를 이용하여 $P(Y \le 40)$의 값을 구하면?

z	$P(0 \le Z \le z)$
1.0	0.3413
1.5	0.4332
2.0	0.4772

① 0.0228 ② 0.0668 ③ 0.1587
④ 0.8413 ⑤ 0.9772

290 하
확률변수 X가 정규분포 $N(30, 6^2)$을 따를 때, 오른쪽 표준정규분포표를 이용하여 $P(27 \le X \le 39)$의 값을 구하면?

z	$P(0 \le Z \le z)$
0.5	0.1915
1.0	0.3413
1.5	0.4332
2.0	0.4772

① 0.3830 ② 0.5328
③ 0.6247 ④ 0.8664
⑤ 0.9772

291 중 서술형
어느 농장에서 생산하는 사과 한 개의 무게는 평균이 300 g, 표준편차가 10 g인 정규분포를 따른다고 한다. 사과 6개를 한 상자에 넣어 판매할 때, 사과 한 상자의 무게가 1800 g 이상 1920 g 이하일 확률을 구하여라.
(단, $P(0 \le Z \le 2) = 0.4772$이고, 상자의 무게는 고려하지 않는다.)

유형 054

주어진 확률을 만족시키는 미지수의 값을 구할 때, 미지수를 포함하여 표준화한다!

확률변수 X가 정규분포 $N(m, \sigma^2)$을 따를 때, 주어진 확률을 만족시키는 미지수의 값은 다음과 같은 순서로 구한다.

step 1 미지수를 포함하고 있는 식의 확률변수 X를
$$Z=\frac{X-m}{\sigma}$$으로 표준화 한다.

step 2 표준정규분포표를 이용하여 미지수의 값을 구한다.

292 BOB 대표

정규분포 $N(m, 4^2)$을 따르는 확률변수 X에 대하여 $P(X \geq 80)=0.0668$일 때, 오른쪽 표준정규분포표를 이용하여 상수 m의 값을 구하면?

z	$P(0 \leq Z \leq z)$
0.5	0.1915
1.0	0.3413
1.5	0.4332
2.0	0.4772

① 62   ② 66
③ 70   ④ 74
⑤ 78

293 중

확률변수 X가 정규분포 $N(48, 6^2)$을 따를 때, 오른쪽 표준정규분포표를 이용하여 $P(39 \leq X \leq a)=0.9104$를 만족시키는 상수 a의 값을 구하면?

z	$P(0 \leq Z \leq z)$
1.0	0.3413
1.5	0.4332
2.0	0.4772

① 54   ② 57
③ 60   ④ 63
⑤ 66

294 상

50명을 선발하는 어느 회사 시험에 응시한 지원자는 2000명이다. 지원자 2000명의 성적은 평균이 200점, 표준편차가 40점인 정규분포를 따를 때, 이 시험에 합격하기 위한 최저 점수는 몇 점인지 구하여라. (단, $P(0 \leq Z \leq 1.96)=0.475$)

유형 055

n이 충분히 크면 이항분포를 따르는 확률변수 X는 근사적으로 정규분포를 따른다!

확률변수 X가 이항분포 $B(n, p)$를 따를 때, 주어진 확률은 다음과 같은 순서로 구한다. (단, $q=1-p$)

step 1 확률변수 X의 평균 m과 분산 σ^2을 구한다. 이때, $m=np$, $\sigma^2=npq$이다.

step 2 확률변수 X가 근사적으로 정규분포 $N(m, \sigma^2)$을 따름을 이용하여 X를 $Z=\frac{X-m}{\sigma}$으로 표준화 한다.

step 3 표준정규분포표를 이용하여 주어진 확률을 구한다.

295 BOB 대표

확률변수 X에 대하여
$$P(X=k)={}_{600}C_k\left(\frac{2}{5}\right)^k\left(\frac{3}{5}\right)^{600-k}$$
$$(k=0, 1, 2, \cdots, 600)$$
일 때, 오른쪽 표준정규분포표를 이용하여 $P(X \leq 258)$의 값을 구하여라.

z	$P(0 \leq Z \leq z)$
0.5	0.1915
1.0	0.3413
1.5	0.4332
2.0	0.4772

296 중   서술형

확률변수 X가 이항분포 $B\left(180, \frac{1}{6}\right)$을 따를 때, 오른쪽 표준정규분포표를 이용하여 $P(20 \leq X \leq 35)$의 값을 구하여라.

z	$P(0 \leq Z \leq z)$
1.0	0.3413
1.5	0.4332
2.0	0.4772

297 상

어느 항공사에서 승객 정원이 348명인 비행기 예약을 400명 받았다. 예약 고객 10명 중 1명의 비율로 예약을 취소할 때, 오른쪽 표준정규분포표를 이용하여 공항에 나온 모든 손님이 비행기를 탈 수 있을 확률을 구하여라.

z	$P(0 \leq Z \leq z)$
0.5	0.1915
1.0	0.3413
1.5	0.4332
2.0	0.4772

298

연속확률변수 X의 확률밀도함수 $f(x)$의 그래프가 오른쪽 그림과 같을 때, $P\left(\dfrac{3}{2}\leq X\leq 3\right)$의 값을 구하여라.

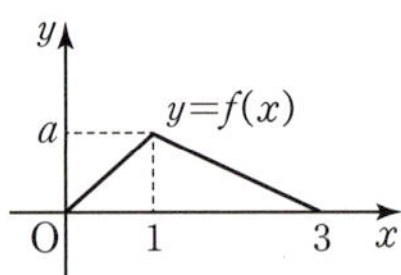

299

연속확률변수 X의 확률밀도함수가

$$f(x)=\begin{cases} kx & (0\leq x\leq 2) \\ k(4-x) & (2\leq x\leq 4) \end{cases}$$

일 때, $P(1\leq X\leq 3)$의 값은? (단, k는 상수이다.)

① $\dfrac{1}{2}$ ② $\dfrac{2}{3}$ ③ $\dfrac{3}{4}$

④ $\dfrac{4}{5}$ ⑤ $\dfrac{5}{6}$

300

연속확률변수 X가 갖는 값의 범위가 $0\leq x\leq 3$이고, 함수 $G(x)$를

$$G(x)=P(x\leq X\leq 3) \quad (0\leq x\leq 3)$$

으로 정의할 때, 함수 $G(x)$의 그래프는 오른쪽 그림과 같다. $P(a\leq X\leq 4a)$의 값을 구하여라. (단, a는 상수이다.)

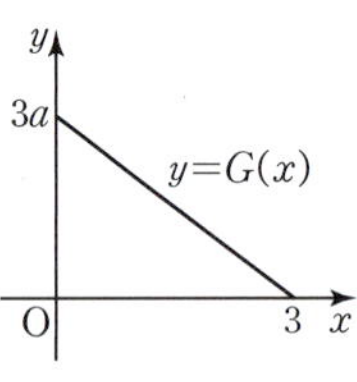

301

두 연속확률변수 X, Y에 대하여 두 함수 $G(x)$, $H(x)$를 각각

$$G(x)=P(X>x),$$
$$H(x)=P(Y>x)$$

로 정의할 때, 함수 $G(x)$는

$$G(x)=-x+1 \quad (0\leq x\leq 1)$$

이고, 함수 $H(x)$의 그래프의 개형은 위의 그림과 같다.

$P(X>k)=P\left(\dfrac{1}{4}<Y<\dfrac{3}{4}\right)$을 만족시키는 상수 k의 값을 구하여라.

302

정규분포 $N(m, 4)$를 따르는 확률변수 X에 대하여 함수

$$g(k)=P(k-8\leq X\leq k)$$

는 $k=12$일 때 최댓값을 갖는다. 상수 m의 값을 구하여라.

303

두 확률변수 X, Y가 각각 정규분포 $N(20, 2^2)$, $N(30, 3^2)$을 따르고 $P(22\leq X\leq 26)=P(33\leq Y\leq k)$일 때, 상수 k의 값은?

① 35 ② 36 ③ 37

④ 38 ⑤ 39

304

보충 설명

정규분포를 따르는 두 연속확률변수 X, Y가 다음 조건을 만족시킬 때, $E(Y)$의 값은?

> (가) $Y=aX$ (단, $a>0$)
> (나) $P(X\leq 18)+P(Y\geq 36)=1$
> (다) $P(X\leq 28)=P(Y\geq 28)$

① 40 ② 42 ③ 44

④ 46 ⑤ 48

305

어느 공장에서 생산되는 A 제품의 무게는 정규분포 $N(m, 1^2)$을 따르고, B 제품의 무게는 정규분포 $N(2m, 2^2)$을 따른다. 이 공장에서 생산된 A 제품과 B 제품에서 제품을 임의로 각각 한 개씩 선택할 때, 선택된 A 제품의 무게가 k 이상일 확률과 선택된 B 제품의 무게가 k 이하일 확률이 같다. $\dfrac{k}{m}$의 값을 구하여라.

306

확률변수 X가 정규분포 $N(5, 3^2)$을 따를 때,
$P(|X-5| \leq 3)=0.6826$이다. 확률변수 Y가 $Y=2X+1$일 때,
$P(Y \geq 17)$의 값은?

① 0.1037   ② 0.1587   ③ 0.3174

④ 0.3413   ⑤ 0.6826

307

짱이가 등교하는 데 걸리는 시간은 평균이 30분, 표준편차가 10
분인 정규분포를 따른다고 한다. 학교 등교 시각은 8시까지이고
집에서 출발한 시각이 7시 40분일 때, 짱이가 지각하지 않을 확률
은? (단, $P(0 \leq Z \leq 1)=0.3413$)

① 0.1587   ② 0.3413   ③ 0.6587

④ 0.6826   ⑤ 0.8413

308

사용자 1000명을 대상으로 어느 게임 회사가 게임 랭킹 상위 150
명을 선발하여 아이템을 주는 이벤트를 개최하였다. 이 게임 유저
의 점수는 평균이 750점, 표준편차가 50점인 정규분포를 따른
다고 할 때, 아이템을 받기 위한 최소 점수는?

(단, $P(0 \leq Z \leq 1.04)=0.35$)

① 767점   ② 782점   ③ 802점

④ 822점   ⑤ 837점

309

확률변수 X에 대하여

$$P(X=x)={}_{100}C_x \left(\frac{1}{5}\right)^x \left(\frac{4}{5}\right)^{100-x} \quad (x=0, 1, 2, \cdots, 100)$$

일 때, $P(X \geq 28)$의 값은? (단, $P(0 \leq Z \leq 2)=0.4772$)

① 0.0228   ② 0.4772   ③ 0.5228

④ 0.9544   ⑤ 0.9772

310

어느 콘서트의 티켓을 예약한 사람이
예약을 취소하거나 실제로 콘서트를
관람하지 않을 확률이 20 %라 한다.
객석 수가 188석인 콘서트장에 예약
한 사람이 225명일 때, 오른쪽 표준정
규분포표를 이용하여 객석이 부족하
게 될 확률을 구하여라.

z	$P(0 \leq Z \leq z)$
0.5	0.1915
1.0	0.3413
1.5	0.4332
2.0	0.4772

311

주사위와 동전을 동시에 던지는 시행
을 1번 했을 때, 주사위는 5 이상의
눈이 나오고 동전은 앞면이 나오면
100점을 얻고, 그렇지 않으면 20점을
잃는 게임이 있다. 이 게임을 180회
시행하였을 때, 오른쪽 표준정규분포
표를 이용하여 600점 이상의 점수를
얻게 될 확률을 구하면?

z	$P(0 \leq Z \leq z)$
0.5	0.1915
1.0	0.3413
1.5	0.4332
2.0	0.4772
2.5	0.4938

① 0.0062   ② 0.0228   ③ 0.0668

④ 0.1587   ⑤ 0.3085

312

0≤x≤4에서 정의된 연속확률변수 X의 확률밀도함수 $f(x)$의
그래프가 직선 $x=2$에 대하여 대칭이다. $0 \leq x \leq 2$인 모든 실수
x에 대하여 $P(x \leq X \leq 2)=a-\dfrac{x^2}{8}$일 때, $P(1 \leq X \leq 3)$의 값을
구하여라. (단, a는 상수이다.)

313

한 개의 주사위를 던져서 6의 약수의 눈이 나오면 상금으로 1000원
을 받고, 6의 약수가 아닌 눈이 나오면 500원을 내야 하는 게임이
있다. 이 게임을 72회 했을 때, 상금으로 42000원 이상 받을 확률
을 구하여라. (단, $P(0 \leq Z \leq 1)=0.3413$)

07 통계적 추정

개념 ① 모집단과 표본

(1) 전수조사 : 조사의 대상이 되는 집단 전체를 조사하는 것

(2) 표본조사 : 조사의 대상이 되는 집단 전체에서 일부분만을 뽑아서 조사하는 것

(3) 모집단 : 조사의 대상이 되는 집단 전체

(4) 표본 : 조사하기 위하여 뽑은 모집단의 일부분

(5) 임의추출 : 모집단에 속하는 각 대상이 같은 확률로 추출되도록 하는 방법

개념 ② 모평균과 표본평균 유형 056~058

(1) 모평균과 표본평균

① 모집단의 확률변수 X의 평균, 분산, 표준편차를 각각 모평균, 모분산, 모표준편차라 하고, 각각 기호로 m, σ^2, σ와 같이 나타낸다.

② 모집단에서 크기가 n인 표본 X_1, X_2, $\cdots$, X_n을 임의추출하였을 때, 이 표본의 평균, 분산, 표준편차를 각각 표본평균, 표본분산, 표본표준편차라 하고 각각 기호로 $\overline{X}$, S^2, S와 같이 나타낸다.

(2) 표본평균의 평균, 분산, 표준편차

모평균이 m, 모표준편차가 σ인 모집단에서 크기가 n인 표본을 임의추출할 때, 표본평균 $\overline{X}$에 대하여

$$\mathrm{E}(\overline{X})=m,\ \mathrm{V}(\overline{X})=\frac{\sigma^2}{n},\ \sigma(\overline{X})=\frac{\sigma}{\sqrt{n}}$$

(3) 표본평균의 분포

모평균이 m, 모표준편차가 σ인 모집단에서 크기가 n인 표본을 임의추출할 때, 표본평균 $\overline{X}$에 대하여

① 모집단이 정규분포 $\mathrm{N}(m,\ \sigma^2)$을 따르면 표본평균 $\overline{X}$는 정규분포 $\mathrm{N}\left(m,\ \dfrac{\sigma^2}{n}\right)$을 따른다.

② 모집단이 정규분포를 따르지 않더라도 표본의 크기 n이 충분히 크면 표본평균 $\overline{X}$는 근사적으로 정규분포 $\mathrm{N}\left(m,\ \dfrac{\sigma^2}{n}\right)$을 따른다.

개념 ③ 모평균의 추정 유형 059~063

(1) 추정 : 표본의 평균이나 표준편차와 같이 표본으로부터 얻은 자료를 이용하여 모집단의 평균이나 표준편차와 같이 알지 못하는 값을 추측하는 것

(2) 모평균의 신뢰구간

정규분포 $\mathrm{N}(m,\ \sigma^2)$을 따르는 모집단에서 크기가 n인 표본을 임의추출할 때, 표본평균 $\overline{X}$의 값이 $\overline{x}$이면 모평균 m의 신뢰구간은 다음과 같다.

① 신뢰도 95 %의 신뢰구간 : $\overline{x}-1.96\dfrac{\sigma}{\sqrt{n}}\leq m\leq\overline{x}+1.96\dfrac{\sigma}{\sqrt{n}}$

② 신뢰도 99 %의 신뢰구간 : $\overline{x}-2.58\dfrac{\sigma}{\sqrt{n}}\leq m\leq\overline{x}+2.58\dfrac{\sigma}{\sqrt{n}}$

개념 plus

◆ 복원추출 : 한 번 추출된 자료를 되돌려 놓은 후 다시 추출하는 것

◆ 비복원추출 : 추출된 자료를 되돌려 놓지 않고 다시 추출하는 것

◆ 모집단의 크기가 충분히 큰 경우에는 비복원추출도 복원추출로 볼 수 있다.

◆ 특별한 언급이 없으면 임의추출은 복원추출로 생각한다.

◆ 표본의 크기 n이 충분히 크다는 것은 $n\geq30$을 만족시킬 때이다.

◆ 모평균의 신뢰구간을 구할 때, n이 충분히 크면 모표준편차 σ 대신에 표본표준편차 S를 사용할 수 있다.

◆ 모평균 m의 신뢰구간을 $a\leq m\leq b$라 하면 다음이 성립한다.
① 표본의 크기가 일정할 때, 신뢰도가 높아지면 $b-a$의 값이 커진다.
② 신뢰도가 일정할 때, 표본의 크기가 커지면 $b-a$의 값이 작아진다.

1 모집단과 표본

314

다음 각 통계 조사에 대하여 전수조사와 표본조사 중에서 적합한 방법을 말하여라.

(1) 우리나라 고등학생의 하루 수면 시간

(2) TV 프로그램의 시청률

(3) 어느 고등학교 2학년 각 학급의 수학 성적의 평균

315

1, 2, 3, 4의 숫자가 각각 하나씩 적힌 4장의 카드 중에서 연속으로 2장을 비복원추출하는 경우의 수와 복원추출하는 경우의 수를 각각 구하여라.

2 모평균과 표본평균

316

1, 3, 5, 7의 숫자가 각각 하나씩 적힌 4개의 공이 들어 있는 주머니에서 임의로 2개의 공을 복원추출할 때, 두 공에 적힌 숫자의 표본평균 $\overline{X}$에 대하여 다음 물음에 답하여라.

(1) 다음 표를 완성하여라.

$\overline{X}$	1	2	3	4	5	6	7	합계
$P(\overline{X}=\overline{x})$								1

(2) $\overline{X}$의 평균, 분산, 표준편차를 각각 구하여라.

317

모평균이 12, 모표준편차가 5인 모집단에서 크기가 36인 표본을 임의추출할 때, 표본평균 $\overline{X}$에 대하여 다음 값을 구하여라.

(1) $\mathrm{E}(\overline{X})$

(2) $\mathrm{V}(\overline{X})$

(3) $\sigma(\overline{X})$

318

정규분포 $\mathrm{N}(20,\ 3^2)$을 따르는 모집단에서 크기가 81인 표본을 임의추출할 때, 표본평균 $\overline{X}$에 대하여 다음 값을 구하여라.

(1) $\mathrm{E}(\overline{X})$

(2) $\mathrm{V}(\overline{X})$

(3) $\sigma(\overline{X})$

319

평균이 50, 분산이 16인 정규분포를 따르는 모집단에서 크기가 64인 표본을 임의추출할 때, 표본평균 $\overline{X}$에 대하여 다음 물음에 답하여라.

(1) $\overline{X}$의 평균과 분산을 각각 구하여라.

(2) 오른쪽 표준정규분포표를 이용하여 $P(\overline{X}\geq 51)$의 값을 구하여라.

z	$P(0\leq Z\leq z)$
0.5	0.1915
1.0	0.3413
1.5	0.4332
2.0	0.4772

3 모평균의 추정

320

정규분포를 따르는 모집단에서 크기가 144인 표본을 임의추출할 때, 표본평균이 50, 표본표준편차가 6이다. 다음을 구하여라.
(단, $P(|Z|\leq 1.96)=0.95$, $P(|Z|\leq 2.58)=0.99$)

(1) 모평균 m의 신뢰도 95 %의 신뢰구간

(2) 모평균 m의 신뢰도 99 %의 신뢰구간

321

정규분포를 따르는 모집단에서 임의추출한 표본 64개의 표준편차가 12일 때, 다음을 구하여라.
(단, $P(|Z|\leq 1.96)=0.95$, $P(|Z|\leq 2.58)=0.99$)

(1) 모평균 m의 신뢰도 95 %의 신뢰구간이 $a\leq m\leq b$일 때, $b-a$의 값

(2) 모평균 m의 신뢰도 99 %의 신뢰구간이 $a\leq m\leq b$일 때, $b-a$의 값

표본평균의 평균은 모평균과 같고, **표본평균의 분산**은 모분산과 표본의 크기 n을 이용해 구한다!

모집단의 평균을 m, 분산을 σ^2, 표본의 크기를 n이라 하면
$$\mathrm{E}(\overline{X})=m,\ \mathrm{V}(\overline{X})=\frac{\sigma^2}{n}$$

322 BOB 대표
모집단의 확률변수 X의 확률분포가 다음 표와 같다. 이 모집단에서 크기가 2인 표본을 임의추출할 때, 표본평균 $\overline{X}$의 평균과 표준편차의 합은?

X	0	1	2	합계
$\mathrm{P}(X=x)$	$\dfrac{1}{4}$	$\dfrac{1}{2}$	$\dfrac{1}{4}$	1

① $\dfrac{1}{2}$ ② 1 ③ $\dfrac{3}{2}$

④ 2 ⑤ $\dfrac{5}{2}$

323 하
모평균이 16, 모표준편차가 3인 모집단에서 크기가 n인 표본을 임의추출할 때, 표본평균 $\overline{X}$의 표준편차가 1이 되게 하는 n의 값은?

① 3 ② 6 ③ 9
④ 12 ⑤ 15

324 중
모집단의 확률변수 X의 확률분포가 다음 표와 같다. 이 모집단에서 크기가 4인 표본을 임의추출할 때, 표본평균 $\overline{X}$에 대하여 $\mathrm{E}(\overline{X})+\sigma(\overline{X})$의 값을 구하여라. (단, a는 상수이다.)

X	1	2	3	4	합계
$\mathrm{P}(X=x)$	$\dfrac{1}{10}$	a	$\dfrac{3}{10}$	$\dfrac{2}{5}$	1

모집단이 주어졌을 때, 먼저 확률변수 X의 확률분포를 **표**로 나타내어 보자!

확률변수 X의 확률분포를 표로 나타내어 모평균 m과 모분산 σ^2을 구한다.
이때, 크기가 n인 표본을 임의추출할 때의 표본평균 $\overline{X}$의 평균, 분산은 각각
$$\mathrm{E}(\overline{X})=m,\ \mathrm{V}(\overline{X})=\frac{\sigma^2}{n}$$

325 BOB 대표
2, 2, 4, 4, 6, 6, 8, 8, 10, 10의 숫자가 각각 하나씩 적힌 10개의 공이 들어 있는 주머니에서 5개의 공을 임의추출할 때, 공에 적힌 수의 평균을 $\overline{X}$라 하자. 표본평균 $\overline{X}$의 평균과 분산의 곱은?

① $\dfrac{44}{5}$ ② 9 ③ $\dfrac{46}{5}$

④ $\dfrac{48}{5}$ ⑤ $\dfrac{49}{5}$

326 하
1, 2, 3의 숫자가 적힌 카드가 각각 2장, 4장, 2장씩 들어 있는 상자에서 2장의 카드를 임의추출할 때, 카드에 적힌 수의 평균을 $\overline{X}$라 하자. 표본평균 $\overline{X}$의 분산은?

① $\dfrac{1}{8}$ ② $\dfrac{1}{6}$ ③ $\dfrac{1}{4}$

④ $\dfrac{1}{2}$ ⑤ 1

327 중 서술형
1부터 9까지의 자연수가 각각 하나씩 적힌 9장의 카드가 있다. 이 중에서 크기가 n인 표본을 임의추출할 때, 카드에 적힌 수의 평균을 $\overline{X}$라 하자. 표본평균 $\overline{X}$의 분산이 $\dfrac{4}{3}$일 때, 자연수 n의 값을 구하여라.

유형 058

표본평균의 확률은 표본평균의 정규분포를 표준화해야 한다!

크기가 n인 표본의 표본평균 $\overline{X}$가 따르는 정규분포 $N\left(m, \left(\dfrac{\sigma}{\sqrt{n}}\right)^2\right)$을 구한 후, $Z=\dfrac{\overline{X}-m}{\dfrac{\sigma}{\sqrt{n}}}$으로 놓으면 확률변수 Z는 표준정규분포 $N(0, 1)$을 따른다.

328 BOB 대표

정규분포 $N(69, 8^2)$을 따르는 모집단에서 크기가 16인 표본을 임의추출할 때, 표본평균을 $\overline{X}$라 하자. 오른쪽 표준정규분포표를 이용하여 표본평균 $\overline{X}$가 67 이하일 확률을 구하면?

z	$P(0 \leq Z \leq z)$
0.5	0.1915
1.0	0.3413
1.5	0.4332
2.0	0.4772

① 0.0228   ② 0.0668   ③ 0.1587
④ 0.3413   ⑤ 0.4772

329 하

정규분포 $N(80, 5^2)$을 따르는 모집단에서 크기가 25인 표본을 임의추출할 때, 표본평균을 $\overline{X}$라 하자. 오른쪽 표준정규분포표를 이용하여 $P(78 \leq \overline{X} \leq 82)$의 값을 구하면?

z	$P(0 \leq Z \leq z)$
1.0	0.3413
1.5	0.4332
2.0	0.4772

① 0.4772   ② 0.6826   ③ 0.8664
④ 0.9544   ⑤ 0.9772

330 중

어느 공장에서 만드는 상품 1개의 무게는 평균이 480 g, 표준편차가 10 g인 정규분포를 따른다고 한다. 이 공장에서 n개의 상품을 임의추출하여 그 표본평균을 $\overline{X}$라 할 때, $P(\overline{X} \geq 485) = 0.0668$을 만족시키는 n의 값을 구하여라.

(단, $P(0 \leq Z \leq 1.5) = 0.4332$)

유형 059

$P(|Z| \leq k) = \dfrac{\alpha}{100}$를 이용하여 신뢰도 α %의 모평균을 추정하자!

정규분포 $N(m, \sigma^2)$을 따르는 모집단에서 크기가 n인 표본을 임의추출할 때, 표본평균 $\overline{X}$의 값이 $\overline{x}$이면

(1) 모평균 m의 신뢰도 95 %의 신뢰구간

$$\Rightarrow \overline{x} - 1.96\frac{\sigma}{\sqrt{n}} \leq m \leq \overline{x} + 1.96\frac{\sigma}{\sqrt{n}}$$

(2) 모평균 m의 신뢰도 99 %의 신뢰구간

$$\Rightarrow \overline{x} - 2.58\frac{\sigma}{\sqrt{n}} \leq m \leq \overline{x} + 2.58\frac{\sigma}{\sqrt{n}}$$

331 BOB 대표

정규분포를 따르는 모집단에서 임의추출한 크기가 100인 표본의 평균이 84, 표준편차가 5일 때, 모평균 m의 신뢰도 95 %의 신뢰구간을 $a \leq m \leq b$라 하자. 상수 a, b에 대하여 $b-a$의 값은?

(단, $P(|Z| \leq 1.96) = 0.95$)

① 1.92   ② 1.96   ③ 2
④ 2.04   ⑤ 2.08

332 하

정규분포 $N(m, 6^2)$을 따르는 모집단에서 임의추출한 크기가 25인 표본의 평균이 69일 때, 모평균 m의 신뢰도 95 %의 신뢰구간을 $a \leq m \leq b$라 하자. 상수 a, b에 대하여 $a+b$의 값은?

(단, $P(|Z| \leq 1.96) = 0.95$)

① 136   ② 138   ③ 140
④ 142   ⑤ 144

333 중  서술형

어느 회사에서 판매되는 음료수의 용량은 표준편차가 40 mL인 정규분포를 따른다고 한다. 임의추출한 음료수 400개의 평균 용량이 950 mL일 때, 이 회사에서 판매되는 음료수의 평균 용량 m의 신뢰도 99 %의 신뢰구간에 속하는 정수의 개수를 구하여라.

(단, $P(|Z| \leq 2.58) = 0.99$)

유형 060

표본의 크기가 일정할 때, **신뢰도가 높아지면 신뢰구간** $a \le m \le b$에서 $b-a$의 값은 **커진다!**

정규분포 $N(m, \sigma^2)$을 따르는 모집단에서 크기가 n인 표본을 임의추출할 때, 모평균 m의 신뢰도 $\alpha \%$의 신뢰구간을 $a \le m \le b$라 하면

$$b-a=2k\frac{\sigma}{\sqrt{n}}\left(P(|Z| \le k)=\frac{\alpha}{100}\right)$$

이므로 표본의 크기 n이 일정할 때, 신뢰도 $\alpha \%$가 높아지면 상수 k의 값, 즉 $b-a$의 값이 커진다.

334 BOB 대표

정규분포 $N(m, \sigma^2)$을 따르는 모집단에서 크기가 n인 표본을 임의추출하여 얻은 모평균 m의 신뢰도 99 %의 신뢰구간이 $47.1 \le m \le 72.9$이다. 같은 표본을 이용하여 얻은 모평균 m의 신뢰도 95 %의 신뢰구간에 속하는 자연수의 개수는?

(단, $P(|Z| \le 1.96)=0.95$, $P(|Z| \le 2.58)=0.99$)

① 18   ② 19   ③ 20
④ 21   ⑤ 22

335 하

정규분포 $N(m, 10^2)$을 따르는 모집단에서 크기가 100인 표본을 임의추출하여 얻은 모평균 m의 신뢰도 98 %의 신뢰구간이 $a \le m \le b$일 때, $b-a$의 값은? (단, $P(|Z| \le 2.33)=0.98$)

① 2.33   ② 2.66   ③ 3.33
④ 4.33   ⑤ 4.66

336 중   서술형

어느 고등학교 학생들의 체중은 정규분포를 따르며, 이 고등학교 학생 중에서 81명을 임의추출하여 체중을 조사하였더니 표준편차가 9 kg이었다. 전체 학생들의 평균 체중 m의 신뢰도 95 %의 신뢰구간이 $a \le m \le b$이고, 신뢰도 99 %의 신뢰구간이 $c \le m \le d$일 때, $|(d-c)-(b-a)|$의 값을 구하여라.

(단, $P(|Z| \le 1.96)=0.95$, $P(|Z| \le 2.58)=0.99$)

유형 061

신뢰도가 일정할 때, **표본의 크기가 커지면 신뢰구간** $a \le m \le b$에서 $b-a$의 값은 **작아진다!**

정규분포 $N(m, \sigma^2)$을 따르는 모집단에서 크기가 n인 표본을 임의추출할 때, 모평균 m의 신뢰도 $\alpha \%$의 신뢰구간을 $a \le m \le b$라 하면

$$b-a=2k\frac{\sigma}{\sqrt{n}}\left(P(|Z| \le k)=\frac{\alpha}{100}\right)$$

이므로 신뢰도 $\alpha \%$가 일정할 때, 표본의 크기 n이 커지면 $b-a$의 값이 작아진다.

337 BOB 대표

표준편차가 2인 정규분포를 따르는 모집단에서 36개의 표본을 임의추출하여 얻은 모평균 m의 신뢰구간이 $a \le m \le b$일 때, $b-a$의 값이 3이었다. 모집단에서 n개의 표본을 임의추출하여 같은 신뢰도로 추정한 모평균 m의 신뢰구간이 $c \le m \le d$일 때, $d-c$의 값이 1이 되도록 하는 표본의 크기 n의 값은?

① 64   ② 81   ③ 121
④ 196   ⑤ 324

338 중

표준편차가 3인 정규분포를 따르는 모집단에서 크기가 n인 표본을 임의추출하여 얻은 모평균 m의 신뢰도 95.4 %의 신뢰구간이 $a \le m \le b$일 때, $b-a \le 2$가 되도록 하는 n의 최솟값을 구하여라.

(단, $P(|Z| \le 2)=0.954$)

339 중

어떤 공장에서 생산하는 건전지의 수명은 평균이 m시간, 표준편차가 60시간인 정규분포를 따른다고 한다. 이 공장에서 생산하는 건전지 중에서 n개를 임의추출하여 얻은 모평균 m의 신뢰도 97 %의 신뢰구간이 $a \le m \le b$이고, 196개를 임의추출하여 얻은 모평균 m의 신뢰도 95 %의 신뢰구간이 $c \le m \le d$일 때, $b-a \le d-c$이기 위한 n의 최솟값을 구하여라.

(단, $P(|Z| \le 1.96)=0.95$, $P(|Z| \le 2.17)=0.97$)

유형 062

신뢰구간의 성질은 표본의 크기가 일정할 때와 신뢰도가 일정할 때로 나누어 비교하자!

> 모평균 m의 신뢰구간이 $a \le m \le b$일 때
> (1) 신뢰도가 높아지면 $b-a$의 값은 커진다.
> (2) 표본의 크기가 커지면 $b-a$의 값은 작아진다.

340 BOB 대표

정규분포 $N(m, \sigma^2)$을 따르는 모집단에서 크기가 n인 표본을 임의추출하여 얻은 모평균 m의 신뢰도 α %의 신뢰구간이 $a \le m \le b$일 때, 다음 중 $b-a$의 값이 가장 큰 것은?

① $n=100, \alpha=95$　　　② $n=100, \alpha=99$
③ $n=225, \alpha=95$　　　④ $n=225, \alpha=99$
⑤ $n=400, \alpha=99$

341 중

정규분포 $N(m, \sigma^2)$을 따르는 모집단에서 표본을 임의추출하여 얻은 모평균 m의 신뢰구간 $a \le m \le b$에 대하여 신뢰도가 일정할 때, 표본의 크기가 4배가 되면 $b-a$의 값은 k배가 된다. k의 값을 구하여라.

342 중

표준편차가 σ인 정규분포를 따르는 모집단에서 크기가 n인 표본을 임의추출하여 얻은 모평균 m의 신뢰도 k %의 신뢰구간이 $a \le m \le b$일 때, $f(n, k)=b-a$라 하자. 다음 중 가장 큰 값은?

① $f(64, 95)$　　　② $f(64, 99)$　　　③ $f(81, 95)$
④ $f(81, 99)$　　　⑤ $f(100, 99)$

유형 063

모평균과 표본평균의 차는 신뢰도와 표본의 크기의 영향을 받는다!

> 정규분포 $N(m, \sigma^2)$을 따르는 모집단에서 크기가 n인 표본을 임의추출하여 모평균 m을 신뢰도 α %로 추정할 때, 모평균 m과 표본평균 $\overline{X}$의 차는
> $$|m-\overline{X}| \le k \frac{\sigma}{\sqrt{n}} \left(\text{단, } P(|Z| \le k)=\frac{\alpha}{100}\right)$$

343 BOB 대표

정규분포 $N(m, 15^2)$을 따르는 모집단에서 크기가 n인 표본을 임의추출하여 신뢰도 95 %로 추정한 모평균과 표본평균의 차가 3 이하가 되도록 할 때, n의 최솟값은?

$$\text{(단, } P(|Z| \le 1.96)=0.95)$$

① 91　　　② 93　　　③ 95
④ 97　　　⑤ 99

344 중　　　서술형

표준편차가 5인 정규분포를 따르는 모집단에서 표본을 임의추출하여 모평균을 신뢰도 99 %로 추정할 때, 모평균과 표본평균의 차가 1 이하가 되도록 하는 표본의 크기의 최솟값을 구하여라.

$$\text{(단, } P(|Z| \le 2.6)=0.99)$$

345 상

모평균이 m, 모표준편차가 4인 정규분포를 따르는 모집단에서 크기가 n인 표본을 임의추출할 때, 표본평균을 $\overline{X}$라 하자. $P(|m-\overline{X}| \le 0.82) \ge 0.9$를 만족시키는 n의 최솟값을 구하여라.

$$\text{(단, } P(0 \le Z \le 1.64)=0.45)$$

346

어느 모집단의 확률분포를 표로 나타내면 다음과 같다.

X	1	2	4	합계
$\mathrm{P}(X=x)$	$\dfrac{1}{4}$	a	b	1

이 모집단에서 크기가 2인 표본을 임의추출할 때, 표본평균을 $\overline{X}$ 라 하자. $\mathrm{P}(\overline{X}=2)=\dfrac{1}{9}$ 일 때, $\mathrm{P}(\overline{X}=3)$ 의 값은?

(단, a, b는 상수이다.)

① $\dfrac{2}{9}$ ② $\dfrac{5}{18}$ ③ $\dfrac{1}{3}$

④ $\dfrac{7}{18}$ ⑤ $\dfrac{4}{9}$

347

모표준편차가 4인 모집단에서 크기가 n인 표본을 복원추출하여 구한 표본평균을 $\overline{X}$라 하자. $\mathrm{V}(\overline{X})=2$일 때, n의 값은?

① 5 ② 6 ③ 7
④ 8 ⑤ 9

348

모표준편차가 14인 모집단에서 크기가 n인 표본을 임의추출하여 구한 표본평균을 $\overline{X}$라 하자. $\sigma(\overline{X})=2$일 때, n의 값은?

① 9 ② 16 ③ 25
④ 36 ⑤ 49

349

모집단의 확률변수 X는 평균이 m, 표준편차가 σ이다. 이 모집단에서 크기가 16인 표본을 복원추출하여 구한 표본평균을 $\overline{X}$라 하자. $\sigma(\overline{X})=1$일 때, $\mathrm{V}(2X-3)$의 값을 구하여라.

350

정규분포 $\mathrm{N}\!\left(n,\ \dfrac{n^2}{4}\right)$을 따르는 모집단에서 크기가 64인 표본을 임의추출할 때, 표본평균을 $\overline{X}$라 하자. $\mathrm{P}(n\leq\overline{X}\leq 34)=\mathrm{P}(0\leq Z\leq 1)$을 만족시키는 자연수 n의 값은?

① 20 ② 24 ③ 30
④ 32 ⑤ 40

351

정규분포 $\mathrm{N}(m,\ \sigma^2)$을 따르는 모집단에서 크기가 4인 표본을 임의추출할 때, 표본평균을 $\overline{X}$라 하자. 오른쪽 표준정규분포표를 이용하여 $\mathrm{P}(\overline{X}-m\geq\sigma)$의 값을 구하면?

z	$\mathrm{P}(0\leq Z\leq z)$
1.0	0.3413
1.5	0.4332
2.0	0.4772
2.5	0.4938

① 0.0228 ② 0.1587
③ 0.3413 ④ 0.4332
⑤ 0.4772

352

어느 양식장에 있는 물고기의 무게는 평균이 600 g, 표준편차가 144 g인 정규분포를 따른다고 한다. 이 양식장에서 36마리의 물고기를 임의추출하였을 때, 무게의 평균이 576 g 이상 636 g 이하일 확률을 오른쪽 표준정규분포표를 이용하여 구하면?

z	$\mathrm{P}(0\leq Z\leq z)$
0.5	0.1915
1.0	0.3413
1.5	0.4332
2.0	0.4772
2.5	0.4938

① 0.3830 ② 0.5328 ③ 0.6826
④ 0.6915 ⑤ 0.7745

353

정규분포 $\mathrm{N}(10,\ 4^2)$을 따르는 모집단에서 크기가 n인 표본을 임의추출할 때, 표본평균을 $\overline{X}$라 하자. $\mathrm{P}(\overline{X}\geq 12.5)\leq 0.0062$를 만족시키는 자연수 n의 최솟값을 구하여라.

(단, $\mathrm{P}(0\leq Z\leq 2.5)=0.4938$)

354

정규분포 $N(m, 36^2)$을 따르는 모집단에서 크기가 n인 표본을 임의추출할 때, 표본평균을 $\overline{X}$라 하자. $P(|m-\overline{X}| \leq 8) = 0.95$를 만족시키는 n의 값은? (단, $P(|Z| \leq 2) = 0.95$)

① 64   ② 81   ③ 100

④ 144   ⑤ 324

355

어느 과수원에서 생산되는 사과 한 개의 무게는 표준편차가 12 g인 정규분포를 따른다고 한다. 이 과수원에서 64개의 사과를 임의추출하여 조사한 결과 무게의 평균은 154 g이었다. 이 과수원에서 생산되는 사과 전체의 평균 무게를 신뢰도 99 %로 추정한 신뢰구간에 속하는 자연수의 개수는? (단, $P(0 \leq Z \leq 2.58) = 0.495$)

① 5   ② 6   ③ 7

④ 8   ⑤ 9

356

어느 회사 직원들의 하루 여가 활동 시간은 모평균이 m, 모표준편차가 10인 정규분포를 따른다고 한다. 이 회사 직원 중 n명을 임의추출하여 신뢰도 95 %로 추정한 모평균 m에 대한 신뢰구간이 $38.08 \leq m \leq 45.92$일 때, 자연수 n의 값은?

(단, $P(0 \leq Z \leq 1.96) = 0.475$이고, 시간의 단위는 분이다.)

① 25   ② 36   ③ 49

④ 64   ⑤ 81

357

보충 설명

모집단 A는 정규분포 $N(m_1, \sigma^2)$을 따르고, 모집단 B는 정규분포 $N\left(m_2, \left(\dfrac{\sigma}{2}\right)^2\right)$을 따른다. 모집단 A에서 크기가 n, 모집단 B에서 크기가 $4n$인 표본을 각각 임의추출할 때, m_1에 대한 신뢰도 95 %의 신뢰구간의 길이를 l_1, m_2에 대한 신뢰도 95 %의 신뢰구간의 길이를 l_2라 하자. $\dfrac{l_1}{l_2}$의 값을 구하여라.

(단, $P(|Z| \leq 1.96) = 0.95$)

358

표준편차가 10인 정규분포를 따르는 모집단에서 임의추출한 크기가 n인 표본의 평균 $\overline{X}$를 이용하여 95 %의 신뢰도로 모평균 m을 추정하려고 한다. 신뢰구간의 길이가 4.9 이하가 되도록 할 때, 표본의 크기 n의 최솟값은? (단, $P(0 \leq Z \leq 1.96) = 0.475$)

① 36   ② 49   ③ 64

④ 81   ⑤ 128

359

표준편차가 σ인 정규분포를 따르는 모집단에서 표본을 임의추출하여 모평균을 추정할 때, 〈보기〉에서 옳은 것만을 있는 대로 고른 것은?

보기

ㄱ. 표본의 크기가 일정할 때, 신뢰도를 높게 하면 신뢰구간의 길이가 길어진다.

ㄴ. 신뢰도가 일정할 때, 표본의 크기를 크게 하면 신뢰구간의 길이는 짧아진다.

ㄷ. 신뢰도가 일정할 때, 표본의 크기를 2배 하면 신뢰구간의 길이는 $\dfrac{1}{2}$배가 된다.

① ㄱ   ② ㄴ   ③ ㄱ, ㄴ

④ ㄴ, ㄷ   ⑤ ㄱ, ㄴ, ㄷ

360

서술형

표준편차가 10인 정규분포를 따르는 모집단에서 크기가 25인 표본을 임의추출하여 모평균 m을 신뢰도 α %로 추정하여 얻은 신뢰구간이 $a \leq m \leq b$일 때, $b - a = 10$을 만족시키는 상수 α의 값을 구하여라.

z	$P(0 \leq Z \leq z)$
1.5	0.43
1.8	0.46
2.1	0.48
2.5	0.49

361

서술형

어느 통신 회사의 스마트폰 사용 고객들의 올해 7월 데이터 사용량은 모평균이 m(GB), 모표준편차가 1.2(GB)인 정규분포를 따른다고 한다. 이 고객들 중에서 n명을 임의추출하여 신뢰도 95 %로 추정한 모평균 m에 대한 신뢰구간이 $a \leq m \leq b$일 때, $b - a \leq 0.56$을 만족시키는 자연수 n의 최솟값을 구하여라.

(단, $P(0 \leq Z \leq 1.96) = 0.475$)

표준정규분포표

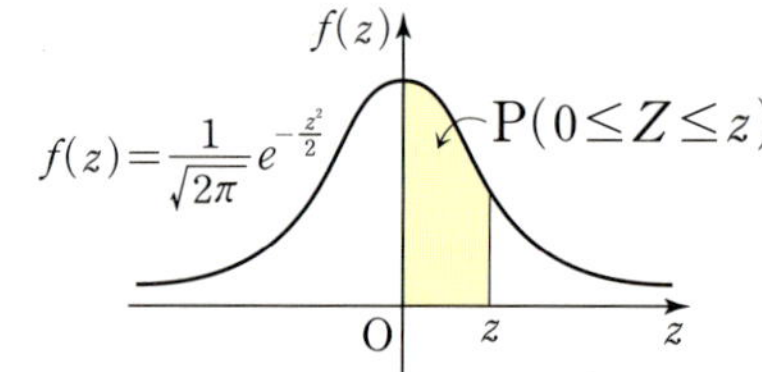

$$f(z) = \frac{1}{\sqrt{2\pi}} e^{-\frac{z^2}{2}}$$

$P(0 \leq Z \leq z)$

z	0.00	0.01	0.02	0.03	0.04	0.05	0.06	0.07	0.08	0.09
0.0	.0000	.0040	.0080	.0120	.0160	.0199	.0239	.0279	.0319	.0359
0.1	.0398	.0438	.0478	.0517	.0557	.0596	.0636	.0675	.0714	.0753
0.2	.0793	.0832	.0871	.0910	.0948	.0987	.1026	.1064	.1103	.1141
0.3	.1179	.1217	.1255	.1293	.1331	.1368	.1406	.1443	.1480	.1517
0.4	.1554	.1591	.1628	.1664	.1700	.1736	.1772	.1808	.1844	.1879
0.5	.1915	.1950	.1985	.2019	.2054	.2088	.2123	.2157	.2190	.2224
0.6	.2257	.2291	.2324	.2357	.2389	.2422	.2454	.2486	.2517	.2549
0.7	.2580	.2611	.2642	.2673	.2704	.2734	.2764	.2794	.2823	.2852
0.8	.2881	.2910	.2939	.2967	.2995	.3023	.3051	.3078	.3106	.3133
0.9	.3159	.3186	.3212	.3238	.3264	.3289	.3315	.3340	.3365	.3389
1.0	.3413	.3438	.3461	.3485	.3508	.3531	.3554	.3577	.3599	.3621
1.1	.3643	.3665	.3686	.3708	.3729	.3749	.3770	.3790	.3810	.3830
1.2	.3849	.3869	.3888	.3907	.3925	.3944	.3962	.3980	.3997	.4015
1.3	.4032	.4049	.4066	.4082	.4099	.4115	.4131	.4147	.4162	.4177
1.4	.4192	.4207	.4222	.4236	.4251	.4265	.4279	.4292	.4306	.4319
1.5	.4332	.4345	.4357	.4370	.4382	.4394	.4406	.4418	.4429	.4441
1.6	.4452	.4463	.4474	.4484	.4495	.4505	.4515	.4525	.4535	.4545
1.7	.4554	.4564	.4573	.4582	.4591	.4599	.4608	.4616	.4625	.4633
1.8	.4641	.4649	.4656	.4664	.4671	.4678	.4686	.4693	.4699	.4706
1.9	.4713	.4719	.4726	.4732	.4738	.4744	.4750	.4756	.4761	.4767
2.0	.4772	.4778	.4783	.4788	.4793	.4798	.4803	.4808	.4812	.4817
2.1	.4821	.4826	.4830	.4834	.4838	.4842	.4846	.4850	.4854	.4857
2.2	.4861	.4864	.4868	.4871	.4875	.4878	.4881	.4884	.4887	.4890
2.3	.4893	.4896	.4898	.4901	.4904	.4906	.4909	.4911	.4913	.4916
2.4	.4918	.4920	.4922	.4925	.4927	.4929	.4931	.4932	.4934	.4936
2.5	.4938	.4940	.4941	.4943	.4945	.4946	.4948	.4949	.4951	.4952
2.6	.4953	.4955	.4956	.4957	.4959	.4960	.4961	.4962	.4963	.4964
2.7	.4965	.4966	.4967	.4968	.4969	.4970	.4971	.4972	.4973	.4974
2.8	.4974	.4975	.4976	.4977	.4977	.4978	.4979	.4979	.4980	.4981
2.9	.4981	.4982	.4982	.4983	.4984	.4984	.4985	.4985	.4986	.4986
3.0	.4987	.4987	.4987	.4988	.4988	.4989	.4989	.4989	.4990	.4990
3.1	.4990	.4991	.4991	.4991	.4992	.4992	.4992	.4992	.4993	.4993
3.2	.4993	.4993	.4994	.4994	.4994	.4994	.4994	.4995	.4995	.4995
3.3	.4995	.4995	.4995	.4996	.4996	.4996	.4996	.4996	.4996	.4997

MEMO

MEMO

01 여러 가지 순열 본문 p.9~15

001 24　　**002** 6　　**003** (1) 24 (2) 12　　**004** (1) 8 (2) 9 (3) 1　　**005** (1) 8 (2) 5　　**006** 9

007 81　　**008** (1) 10 (2) 30　　**009** 35　　**010** 2520　　**011** 1260　　**012** 126　　**013** ①

014 ③　　**015** 720　　**016** ③　　**017** ⑤　　**018** 8　　**019** ⑤　　**020** ⑤　　**021** ④

022 ④　　**023** ②　　**024** 250　　**025** ①　　**026** ③　　**027** 150　　**028** 360　　**029** 12

030 2520　　**031** 60　　**032** ③　　**033** ②　　**034** 30　　**035** ①　　**036** ②　　**037** 13

038 90　　**039** ①　　**040** ①　　**041** 105　　**042** 714　　**043** 5　　**044** ③　　**045** ⑤

046 ⑤　　**047** ②　　**048** 840　　**049** ①　　**050** 72　　**051** 36　　**052** 4　　**053** 46

02 중복조합과 이항정리 본문 p.17~23

054 (1) 4 (2) 1 (3) 20 (4) 126　　**055** (1) 5 (2) 9　　**056** (1) 15 (2) 28

057 (1) $a^5+5a^4b+10a^3b^2+10a^2b^3+5ab^4+b^5$ (2) $27x^3-54x^2+36x-8$ (3) $x^4-8x^3y+24x^2y^2-32xy^3+16y^4$

(4) $x^4+\dfrac{4x^3}{y}+\dfrac{6x^2}{y^2}+\dfrac{4x}{y^3}+\dfrac{1}{y^4}$

058 (1) 56 (2) -960 (3) -1080 (4) 1215　　**059** $a=1$, $b=4$, $c=10$, $d=20$, $e=35$

060 (1) $a^6+6a^5b+15a^4b^2+20a^3b^3+15a^2b^4+6ab^5+b^6$ (2) $x^5-5x^4y+10x^3y^2-10x^2y^3+5xy^4-y^5$

061 (1) $n=6$, $r=3$ (2) $n=9$, $r=6$ 또는 $r=3$ (3) $n=12$　　**062** (1) 64 (2) 1 (3) 128　　**063** (1) 256 (2) 1023

064 ②　　**065** 66　　**066** ⑤　　**067** ④　　**068** ②　　**069** 14　　**070** ④　　**071** ④

072 ⑤　　**073** ⑤　　**074** ④　　**075** 8　　**076** ⑤　　**077** ③　　**078** ④　　**079** ③

080 ③　　**081** 2　　**082** ④　　**083** ⑤　　**084** ⑤　　**085** ③　　**086** ④　　**087** ③

088 ③　　**089** 9　　**090** ②　　**091** 185　　**092** ②　　**093** ③　　**094** 45　　**095** ②

096 ②　　**097** ②　　**098** 1320　　**099** ③　　**100** 1024　　**101** 19　　**102** 141　　**103** 4

03 확률의 뜻과 성질
본문 p.27~35

104 (1) $S=\{1,\ 2,\ 3,\ 4,\ 5,\ 6\}$ (2) $A=\{2,\ 4,\ 6\}$ **105** (1) $\{2\}$ (2) $\{2,\ 3,\ 4,\ 5,\ 6\}$ (3) $\{1,\ 4,\ 6\}$ **106** A와 C, B와 C

107 (1) $\dfrac{5}{36}$ (2) $\dfrac{1}{6}$ **108** (1) $\dfrac{1}{2}$ (2) $\dfrac{1}{2}$ **109** $\dfrac{9}{25}$ **110** (1) 0 (2) 1 **111** (1) $\dfrac{5}{9}$ (2) 0 (3) 1

112 $\dfrac{5}{8}$ **113** $\dfrac{9}{20}$ **114** $\dfrac{2}{3}$ **115** $\dfrac{9}{10}$ **116** ③ **117** 8 **118** ㄴ **119** ⑤

120 ① **121** $\dfrac{7}{36}$ **122** ④ **123** ① **124** $\dfrac{1}{2}$ **125** ① **126** ② **127** ④

128 ③ **129** ② **130** $\dfrac{24}{625}$ **131** ③ **132** ④ **133** $\dfrac{7}{625}$ **134** ③ **135** ②

136 $\dfrac{19}{35}$ **137** $\dfrac{42}{143}$ **138** $\dfrac{2}{11}$ **139** 5 **140** 48 **141** ② **142** ㄴ, ㄷ **143** 140

144 ⑤ **145** ③ **146** $\dfrac{6}{25}$ **147** ③ **148** ⑤ **149** ④ **150** ④ **151** ③

152 $\dfrac{10}{11}$ **153** ⑤ **154** ② **155** ③ **156** ④ **157** ② **158** ① **159** ①

160 ③ **161** ④ **162** ④ **163** ⑤ **164** $\dfrac{3}{5}$ **165** $\dfrac{8}{35}$ **166** $\dfrac{3}{4}$ **167** $\dfrac{5}{18}$

168 $\dfrac{24}{35}$

04 조건부확률
본문 p.37~43

169 (1) $\dfrac{3}{10}$ (2) $\dfrac{3}{4}$ **170** $\dfrac{1}{4}$ **171** (1) $\dfrac{2}{5}$ (2) $\dfrac{2}{9}$ **172** (1) $\dfrac{1}{9}$ (2) $\dfrac{2}{9}$

173 (1) $P(A)=\dfrac{1}{2}$, $P(B)=\dfrac{1}{3}$, $P(A\cap B)=\dfrac{1}{6}$ (2) $P(A|B)=\dfrac{1}{2}$, $P(A|B^C)=\dfrac{1}{2}$ (3) 독립 **174** (1) $\dfrac{1}{20}$ (2) $\dfrac{1}{5}$

175 (1) $\dfrac{1}{9}$ (2) $\dfrac{2}{5}$ **176** (1) $\dfrac{1}{2}$ (2) $\dfrac{3}{8}$ **177** $\dfrac{4}{9}$ **178** ② **179** ③ **180** $\dfrac{5}{9}$

181 $\dfrac{12}{25}$ **182** $\dfrac{11}{18}$ **183** $\dfrac{4}{9}$ **184** ① **185** ① **186** $\dfrac{2}{15}$ **187** ⑤ **188** $\dfrac{3}{7}$

189 $\dfrac{9}{44}$ **190** ㄷ **191** ㄱ **192** $\dfrac{1}{3}$ **193** $\dfrac{1}{3}$ **194** ① **195** ③ **196** $\dfrac{4}{5}$

197 ④ **198** ③ **199** ⑤ **200** ④ **201** $\dfrac{5}{16}$ **202** $\dfrac{200}{729}$ **203** ③ **204** ④

205 ③ **206** ① **207** ③ **208** 3 **209** $\dfrac{4}{7}$ **210** ㄱ, ㄷ **211** $\dfrac{3}{4}$ **212** $\dfrac{7}{8}$

213 252 **214** ④ **215** ⑤ **216** $\dfrac{3}{4}$ **217** $\dfrac{19}{45}$ **218** $\dfrac{31}{80}$

본문 p.47~53

Ⅲ. 통계

05 이산확률분포

219 (1) $\dfrac{5}{12}$ (2) $\dfrac{5}{12}$ **220** (1) 풀이 참조 (2) $\dfrac{5}{6}$ **221** $\mathrm{E}(X)=2$, $\mathrm{V}(X)=\dfrac{1}{2}$, $\sigma(X)=\dfrac{\sqrt{2}}{2}$

222 (1) 풀이 참조 (2) $\mathrm{E}(X)=1$, $\mathrm{V}(X)=\dfrac{1}{3}$, $\sigma(X)=\dfrac{\sqrt{3}}{3}$ **223** (1) 8 (2) 12

224 기댓값 : $\dfrac{1}{3}$, 표준편차 : $\dfrac{2\sqrt{5}}{3}$ **225** (1) $\mathrm{B}\left(10,\dfrac{1}{2}\right)$ (2) 풀이 참조   **226** (1) 5 (2) 4 (3) 2   **227** ⑤

228 ①   **229** ①   **230** 1   **231** ③   **232** $\dfrac{7}{36}$ **233** ③   **234** ④   **235** 5

236 ①   **237** $\dfrac{\sqrt{11}}{4}$ **238** 1   **239** ③   **240** ⑤   **241** 5   **242** ⑤   **243** $\dfrac{189}{256}$

244 $\dfrac{9}{2}$ **245** ②   **246** ⑤   **247** 2   **248** ③   **249** ④   **250** -5 **251** ②

252 ①   **253** ②   **254** ④   **255** ①   **256** 108   **257** ①   **258** ①   **259** ⑤

260 $\dfrac{5}{4}$ **261** 80   **262** 584   **263** ②   **264** $\dfrac{1}{4}$ **265** 279

본문 p.55~61

06 연속확률분포

266 ④   **267** (1) $\dfrac{2}{9}$ (2) $\dfrac{4}{9}$ **268** ④   **269** (1) 60 (2) 10 (3) 90 (4) 400

270 (1) $a+0.5$ (2) $2b$ (3) $0.5-b$ **271** (1) 0.5 (2) 0.4772 (3) 0.9544 (4) 0.1359 (5) 0.9319 (6) 0.8413

272 (1) 0.4772 (2) 0.6826 (3) 0.1587 (4) 0.1359   **273** (1) 0.3413 (2) 0.8185 (3) 0.9332 (4) 0.0228   **274** 8

275 ②   **276** ㄴ, ㄷ   **277** ③   **278** $\dfrac{8}{9}$ **279** 1   **280** ⑤   **281** 36   **282** 14

283 ①   **284** 0.1587   **285** 2   **286** ①   **287** ②   **288** 5   **289** ①   **290** ③

291 0.4772   **292** ④   **293** ③   **294** 278.4점   **295** 0.9332   **296** 0.8185   **297** 0.0228   **298** $\dfrac{3}{8}$

299 ③   **300** $\dfrac{1}{3}$ **301** $\dfrac{2}{5}$ **302** 8   **303** ⑤   **304** ②   **305** $\dfrac{4}{3}$ **306** ②

307 ①   **308** ③   **309** ①   **310** 0.0668   **311** ④   **312** $\dfrac{3}{4}$ **313** 0.1587

07 통계적 추정

314 (1) 표본조사 (2) 표본조사 (3) 전수조사　　　**315** 비복원추출 : 12, 복원추출 : 16

316 (1) 풀이 참조 (2) 평균 : 4, 분산 : $\dfrac{5}{2}$, 표준편차: $\dfrac{\sqrt{10}}{2}$　　　**317** (1) 12 (2) $\dfrac{25}{36}$ (3) $\dfrac{5}{6}$　　　**318** (1) 20 (2) $\dfrac{1}{9}$ (3) $\dfrac{1}{3}$

319 (1) 평균 : 50, 분산 : $\dfrac{1}{4}$ (2) 0.0228　　　**320** (1) $49.02 \leq m \leq 50.98$ (2) $48.71 \leq m \leq 51.29$　　　**321** (1) 5.88 (2) 7.74

322 ③　　　**323** ③　　　**324** $\dfrac{7}{2}$　　　**325** ④　　　**326** ③　　　**327** 5　　　**328** ③　　　**329** ④

330 9　　　**331** ②　　　**332** ②　　　**333** 11　　　**334** ②　　　**335** ⑤　　　**336** 1.24　　　**337** ⑤

338 36　　　**339** 241　　　**340** ②　　　**341** $\dfrac{1}{2}$　　　**342** ②　　　**343** ④　　　**344** 169　　　**345** 64

346 ②　　　**347** ④　　　**348** ⑤　　　**349** 64　　　**350** ④　　　**351** ①　　　**352** ⑤　　　**353** 16

354 ②　　　**355** ③　　　**356** ①　　　**357** 4　　　**358** ③　　　**359** ③　　　**360** 98　　　**361** 71

01 여러 가지 순열

I. 경우의 수

001
5개의 문자를 원형으로 배열하는 경우의 수는
$(5-1)!=4!=24$

답 24

002
4가지 색을 원형으로 배열하는 경우와 같으므로 구하는 경우의 수는
$(4-1)!=3!=6$

답 6

003
(1) 5명이 원탁에 둘러앉는 경우의 수는
$(5-1)!=4!=24$
(2) 부모를 한 사람으로 생각하면 모두 4명이고, 4명이 원탁에 둘러앉는
경우의 수는
$(4-1)!=3!=6$
이때, 각 경우에 대하여 부모가 자리를 바꾸는 경우의 수는
$2!=2$
따라서 구하는 경우의 수는
$6\times2=12$

답 (1) 24 (2) 12

004
(1) $_2\Pi_3=2^3=8$
(2) $_3\Pi_2=3^2=9$
(3) $_4\Pi_0=4^0=1$

답 (1) 8 (2) 9 (3) 1

005
(1) $_2\Pi_r=2^r$이므로 $2^r=256$, $2^r=2^8$
$\therefore r=8$
(2) $_n\Pi_3=n^3$이므로 $n^3=125$, $n^3=5^3$
$\therefore n=5$

답 (1) 8 (2) 5

006
세 개의 숫자 1, 2, 3 중에서 두 개를 택하는 중복순열의 수와 같으므로
구하는 자연수의 개수는
$_3\Pi_2=3^2=9$

답 9

007
가위, 바위, 보 3개 중에서 4개를 택하는 중복순열의 수와 같으므로 구하
는 경우의 수는
$_3\Pi_4=3^4=81$

답 81

008
(1) 5개의 숫자 중에서 1이 2개, 2가 3개이므로 구하는 경우의 수는
$$\frac{5!}{2!\times3!}=10$$

(2)
5개의 문자 중에서 x가 2개, y가 2개, z가 1개이므로 구하는 경우의
수는
$$\frac{5!}{2!\times2!\times1!}=30$$

답 (1) 10 (2) 30

009
7개의 공 중에서 검은 공이 3개, 흰 공이 4개이므로 구하는 경우의 수는
$$\frac{7!}{3!\times4!}=35$$

답 35

010
7개의 문자 중에서 e가 2개이므로 구하는 경우의 수는
$$\frac{7!}{2!}=2520$$

답 2520

011
7개의 문자 중에서 c가 2개, s가 2개이므로 구하는 경우의 수는
$$\frac{7!}{2!\times2!}=1260$$

답 1260

012
최단 거리로 가려면 오른쪽으로 5칸, 위쪽으로 4칸을 가야 한다.
오른쪽으로 한 칸 가는 것을 a, 위쪽으로 한 칸 가는 것을 b로 나타내면
구하는 경우의 수는 a, a, a, a, a, b, b, b, b를 일렬로 나열하는 경우의
수와 같다.
이때, 9개의 문자 중에서 a가 5개, b가 4개이므로 구하는 경우의 수는
$$\frac{9!}{5!\times4!}=126$$

다른 풀이

오른쪽 그림과 같이 합의 법칙을 이용하여 오른
쪽으로 1칸 가는 경우의 수와 위쪽으로 1칸 가
는 경우의 수를 합하여 구하면 126이다.

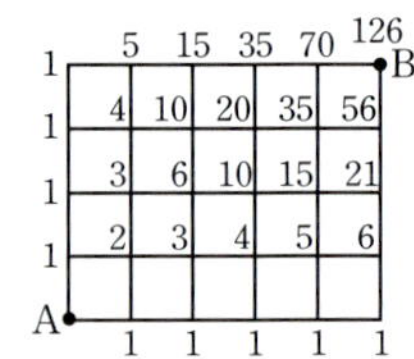

답 126

013 ①	014 ③	015 720	016 ③	017 ⑤	018 8
019 ⑤	020 ⑤	021 ④	022 ④	023 ②
024 250	025 ①	026 ③	027 150	028 360	029 12
030 2520	031 60	032 ③	033 ②	034 30	035 ①
036 ②	037 13			

013
A와 F를 한 사람으로 생각하면 모두 5명이고, 5명이 원탁에 둘러앉는 경
우의 수는
$(5-1)!=4!=24$

이때, 각 경우에 대하여 A와 F가 자리를 바꾸는 경우의 수는

$2!=2$

따라서 구하는 경우의 수는

$24\times2=48$

답 ①

014

남학생 3명을 한 사람으로 생각하면 모두 5명이고, 5명이 원탁에 둘러앉는 경우의 수는

$(5-1)!=4!=24$

이때, 각 경우에 대하여 남학생끼리 자리를 바꾸는 경우의 수는

$3!=6$

따라서 구하는 경우의 수는

$24\times6=144$

답 ③

015

할아버지와 할머니 중 한 사람의 자리가 결정되면 나머지 한 사람의 자리는 서로 마주 보는 자리로 고정되므로 7명이 원형 식탁에 둘러앉는 경우의 수와 같다.

따라서 구하는 경우의 수는

$(7-1)!=6!=720$

다른 풀이

할아버지와 할머니가 서로 마주 보도록 원형 식탁에 앉은 다음 나머지 6개의 자리에 6명이 앉으면 되므로

$6!=720$

답 720

016

12명이 원형으로 둘러앉는 경우의 수는

$(12-1)!=11!$

이때, 주어진 정사각형 모양의 탁자에서는 원형으로 둘러앉는 한 가지 경우에 대하여 서로 다른 경우가 3가지씩 존재한다.

즉, 정사각형 모양의 탁자를 회전시켰을 때 겹치지 않는 자리의 수는 3이다.

따라서 구하는 경우의 수는

$11!\times3$

$\therefore a=3$

답 ③

017

10명이 원형으로 둘러앉는 경우의 수는

$(10-1)!=9!$

이때, 주어진 직사각형 모양의 식탁에서는 원형으로 둘러앉는 한 가지 경우에 대하여 서로 다른 경우가 5가지씩 존재한다.

즉, 직사각형 모양의 탁자를 회전시켰을 때 겹치지 않는 자리의 수는 5이다.

따라서 구하는 경우의 수는 $9!\times5$이다.

답 ⑤

018

가운데 정삼각형을 칠하는 경우의 수는 4이다.

가

가운데 정삼각형을 제외한 나머지 3개의 정삼각형을 칠하는 경우의 수는 가운데 정삼각형에 칠한 색을 제외한 나머지 3가지 색을 원형으로 배열하는 경우의 수와 같으므로

$(3-1)!=2!=2$

나

따라서 구하는 경우의 수는

$4\times2=8$

다

단계	채점 요소	비율
가	가운데 정삼각형을 칠하는 경우의 수 구하기	30%
나	가운데 정삼각형을 제외한 나머지 3개의 정삼각형을 칠하는 경우의 수 구하기	50%
다	경우의 수 구하기	20%

답 8

019

4개의 학급 A, B, C, D 중에서 5개를 택하는 중복순열의 수와 같으므로 구하는 경우의 수는

$_4\Pi_5=4^5=1024$

답 ⑤

020

4개의 상자 A, B, C, D 중에서 4개를 택하는 중복순열의 수와 같으므로 구하는 경우의 수는

$_4\Pi_4=4^4=256$

답 ⑤

021

갑, 을, 병 3명의 후보 중에서 4명을 택하는 중복순열의 수와 같으므로 구하는 경우의 수는

$_3\Pi_4=3^4=81$

답 ④

022

만의 자리가 될 수 있는 숫자는 1, 2, 3의 3개이다.

천의 자리, 백의 자리, 십의 자리, 일의 자리의 숫자를 택하는 경우의 수는 서로 다른 4개의 숫자 중에서 4개를 택하는 중복순열의 수와 같으므로

$_4\Pi_4=4^4=256$

따라서 구하는 다섯 자리의 자연수의 개수는

$3\times256=768$

답 ④

023

4개의 숫자 중에서 3개를 택하는 중복순열의 수는

$_4\Pi_3=4^3=64$

1을 제외한 나머지 3개의 숫자 중에서 3개를 택하는 중복순열의 수는

$_3\Pi_3=3^3=27$

따라서 구하는 세 자리의 자연수의 개수는

$64-27=37$

답 ②

024

3000보다 작은 네 자리의 자연수는 1□□□, 2□□□의 꼴이다.

(i) 1□□□의 꼴인 경우

5개의 숫자 중에서 중복을 허용하여 3개를 뽑아 만들 수 있는 자연수의 개수와 같으므로

$_5\Pi_3=5^3=125$

가

(ii) 2□□□의 꼴인 경우

5개의 숫자 중에서 중복을 허용하여 3개를 뽑아 만들 수 있는 자연수의 개수와 같으므로

$$_5\Pi_3=5^3=125$$

─────────────────────────────────────── 나

(i), (ii)에서 구하는 자연수의 개수는

$$125+125=250$$

─────────────────────────────────────── 다

단계	채점 요소	비율
가	1□□□의 꼴인 자연수의 개수 구하기	40%
나	2□□□의 꼴인 자연수의 개수 구하기	40%
다	3000보다 작은 자연수의 개수 구하기	20%

답 250

025

X에서 Y로의 함수의 개수는 집합 Y의 원소 1, 2, 3, 4, 5 중에서 중복을
허용하여 3개를 뽑아 집합 X의 원소 a, b, c에 대응시키는 경우의 수와
같으므로

$$_5\Pi_3=5^3=125$$

X에서 Y로의 일대일함수의 개수는 집합 Y의 원소 1, 2, 3, 4, 5 중에서
서로 다른 3개를 뽑아 집합 X의 원소 a, b, c에 대응시키는 순열의 수와
같으므로

$$_5P_3=5\times4\times3=60$$

따라서 $m=125$, $n=60$이므로

$$m+n=125+60=185$$

답 ①

026

X에서 X로의 일대일대응의 개수는 집합 X의 원소 1, 2, 3, 4 중에서
서로 다른 4개를 뽑아 집합 X의 원소 1, 2, 3, 4에 대응시키는 순열의 수
와 같으므로

$$_4P_4=4!=24$$

답 ③

027

X에서 Y로의 함수의 개수는

$$_3\Pi_5=3^5=243$$

(i) 치역의 원소가 2개인 경우

치역이 $\{x,\ y\}$인 함수의 개수는 치역의 2개의 원소 x, y 중에서 X의
원소에 대응시킬 5개를 택하는 중복순열의 수를 구한 후, 이 중복순열
의 수에서 치역이 $\{x\}$ 또는 $\{y\}$인 함수의 개수를 빼면 되므로

$$_2\Pi_5-2=2^5-2=30$$

마찬가지 방법으로 치역이 $\{x,\ z\}$ 또는 $\{y,\ z\}$인 함수의 개수도 각각
30이므로 치역의 원소가 2개인 함수의 개수는

$$30\times3=90$$

(ii) 치역의 원소가 1개인 경우

치역이 $\{x\}$ 또는 $\{y\}$ 또는 $\{z\}$인 함수의 개수는 3이다.

(i), (ii)에서 치역과 공역이 같지 않은 함수의 개수는

$$90+3=93$$

따라서 구하는 함수의 개수는

$$243-93=150$$

답 150

028

7개의 숫자를 모두 일렬로 나열하는 경우의 수는 1이 2개, 2가 3개이므로

$$\frac{7!}{2!\times3!}=420$$

맨 앞자리에 0이 오는 경우에 나머지 6개의 숫자 1, 1, 2, 2, 2, 3을 일렬
로 나열하는 경우의 수는 1이 2개, 2가 3개이므로

$$\frac{6!}{2!\times3!}=60$$

따라서 구하는 일곱 자리의 자연수의 개수는

$$420-60=360$$

답 360

029

4개의 숫자 1, 1, 2, 3 중에서 3개를 택하는 경우는 1, 1, 2 또는 1, 1, 3
또는 1, 2, 3이다.

(i) 1, 1, 2로 만들 수 있는 세 자리의 자연수의 개수는 1이 2개이므로

$$\frac{3!}{2!}=3$$

(ii) 1, 1, 3으로 만들 수 있는 세 자리의 자연수의 개수는 1이 2개이므로

$$\frac{3!}{2!}=3$$

(iii) 1, 2, 3으로 만들 수 있는 세 자리의 자연수의 개수는

$$3!=6$$

(i)~(iii)에서 구하는 세 자리의 자연수의 개수는

$$3+3+6=12$$

답 12

030

a와 b를 제외한 6개의 문자 c, c, c, d, f, f를 일렬로 나열하는 경우의 수
는 c가 3개, f가 2개이므로

$$\frac{6!}{3!\times2!}=60$$

c, c, c, d, f, f의 사이사이와 양 끝에 a와 b를 나열하는 경우의 수는

$$_7P_2=7\times6=42$$

따라서 구하는 경우의 수는

$$60\times42=2520$$

다른 풀이

8개의 문자를 일렬로 나열하는 경우의 수는 c가 3개, f가 2개이므로

$$\frac{8!}{3!\times2!}=3360$$

a와 b를 한 문자로 생각하여 c, c, c, d, f, f를 포함한 7개의 문자를 일렬
로 나열하는 경우의 수는 c가 3개, f가 2개이므로

$$\frac{7!}{3!\times2!}=420$$

이때, a와 b가 자리를 바꾸는 경우의 수는

$$2!=2$$

따라서 구하는 경우의 수는

$$3360-420\times2=2520$$

답 2520

031

7개의 문자 a, b, b, c, c, d, d 중에서 a와 d 1개씩을 제외한 5개의 문자
b, b, c, c, d를 일렬로 나열하는 경우의 수는 b가 2개, c가 2개이므로

$$\frac{5!}{2!\times2!}=30$$

─────────────────────────────────────── 가

이때, a와 d가 자리를 바꾸는 경우의 수는

$$2!=2$$

─────────────────────────────────────── 나

따라서 구하는 경우의 수는

$$30\times2=60$$

─────────────────────────────────────── 다

즉, 흰 공을 적어도 한 개 이상 꺼내는 경우의 수는
$12+3=15$
따라서 구하는 확률은
$$\frac{15}{21}=\frac{5}{7}$$

답 ⑤

164

6명의 학생 모두가 봉사 활동 순번을 임의로 정하는 경우의 수는
$6!=720$
첫째 날 또는 여섯째 날에 남학생이 봉사 활동을 하는 사건을 A라 하면 첫째 날과 여섯째 날 모두 여학생이 봉사 활동을 하는 사건은 A^C이다.
첫째 날과 여섯째 날에 여학생이 봉사 활동을 하는 경우의 수는 첫째 날과 여섯째 날에 봉사 활동을 할 여학생을 뽑아서 순번을 정하고 나머지 4명의 순번을 정하는 경우의 수이므로
$n(A^C)={}_4P_2\times4!=288$
$$\therefore P(A^C)=\frac{288}{720}=\frac{2}{5}$$
따라서 구하는 확률은
$$P(A)=1-P(A^C)=1-\frac{2}{5}=\frac{3}{5}$$

다른 풀이

6명의 학생 모두가 봉사 활동 순번을 임의로 정하는 경우의 수는
$6!=720$
첫째 날에 남학생이 봉사 활동을 하는 사건을 A, 여섯째 날에 남학생이 봉사 활동을 하는 사건을 B라 하면 주어진 조건을 만족시키는 경우의 수는
$n(A\cup B)$
첫째 날에 남학생이 봉사 활동을 하는 경우의 수는
$n(A)={}_2C_1\times5!=240$
여섯째 날에 남학생이 봉사 활동을 하는 경우의 수는
$n(B)={}_2C_1\times5!=240$
첫째 날과 여섯째 날 모두 남학생이 봉사활동을 하는 경우의 수는
$n(A\cap B)={}_2P_2\times4!=2\times24=48$
$\therefore n(A\cup B)=n(A)+n(B)-n(A\cap B)=240+240-48=432$
따라서 구하는 확률은
$$P(A\cup B)=\frac{432}{720}=\frac{3}{5}$$

답 $\dfrac{3}{5}$

165

이 학급의 학생들이 대학수학능력시험 사회탐구 영역에서 한국 지리를 선택하는 사건을 A, 세계 지리를 선택하는 사건을 B라 하면 한국 지리와 세계 지리 중 어느 것도 선택하지 않는 사건은 $(A\cup B)^C$이므로
$$P(A)=\frac{22}{35},\ P(B)=\frac{17}{35},\ P((A\cup B)^C)=\frac{4}{35}$$
이때, $P(A\cup B)=1-P((A\cup B)^C)$이므로
$$P(A\cup B)=1-\frac{4}{35}=\frac{31}{35}$$
따라서 구하는 확률은
$$P(A\cap B)=P(A)+P(B)-P(A\cup B)$$
$$=\frac{22}{35}+\frac{17}{35}-\frac{31}{35}$$
$$=\frac{8}{35}$$

답 $\dfrac{8}{35}$

166

두 사건 A, B가 서로 배반사건이므로 $P(A\cap B)=0$이다.
이때, $P(A\cup B)=P(A)+P(B)$이고
$P(A^C\cap B^C)=P((A\cup B)^C)=1-P(A\cup B)$이므로
$P(A\cup B)=x$라 하면
$P(A)+P(B)=3P(A^C\cap B^C)$에서
$x=3(1-x),\ 4x=3$ $\quad\therefore x=\dfrac{3}{4}$
$$\therefore P(A\cup B)=\frac{3}{4}$$

답 $\dfrac{3}{4}$

167

학생 9명 중에서 임의로 2명의 학생을 뽑는 경우의 수는
${}_9C_2=36$

㉮

2명의 혈액형이 같은 경우는 혈액형 A형 또는 B형 또는 O형에서 각각 2명을 뽑는 경우이므로 2명의 혈액형이 같은 경우의 수는
${}_2C_2+{}_3C_2+{}_4C_2=1+3+6=10$

㉯

따라서 구하는 확률은
$$\frac{10}{36}=\frac{5}{18}$$

㉰

단계	채점 요소	비율
㉮	학생 9명 중에서 임의로 2명의 학생을 뽑는 경우의 수 구하기	30%
㉯	2명의 혈액형이 같은 경우의 수 구하기	40%
㉰	확률 구하기	30%

답 $\dfrac{5}{18}$

168

8개의 구슬 중에서 임의로 4개의 구슬을 뽑는 경우의 수는
${}_8C_4=70$

㉮

두 개만 같은 색이고 나머지 두 개는 서로 다른 색인 사건을 A라 하면 네 개 모두 다른 색이거나 두 개, 두 개가 같은 색인 사건은 A^C이다.
네 개 모두 다른 색인 경우의 수는
${}_2C_1\times{}_2C_1\times{}_2C_1\times{}_2C_1=16$
두 개, 두 개가 같은 색인 경우의 수는 4가지 색 중 2가지 색을 선택하는 경우의 수와 같으므로
${}_4C_2=6$
$\therefore n(A^C)=16+6=22$
$$\therefore P(A^C)=\frac{22}{70}=\frac{11}{35}$$

㉯

따라서 구하는 확률은
$$P(A)=1-P(A^C)=1-\frac{11}{35}=\frac{24}{35}$$

㉰

단계	채점 요소	비율
㉮	8개의 구슬 중에서 임의로 4개를 뽑는 경우의 수 구하기	20%
㉯	두 개만 같은 색인 사건의 여사건의 확률 구하기	50%
㉰	확률 구하기	30%

답 $\dfrac{24}{35}$

04 조건부확률

개념 콕콕 본문 p.37

169

$S=\{1, 2, 3, \cdots, 10\}$이고 $A=\{1, 3, 5, 7\}$, $B=\{2, 3, 5, 7\}$이므로

$$P(A)=\frac{4}{10}=\frac{2}{5}, \ P(B)=\frac{4}{10}=\frac{2}{5}$$

(1) $A\cap B=\{3, 5, 7\}$이므로 $P(A\cap B)=\frac{3}{10}$

(2) $P(A|B)=\dfrac{P(A\cap B)}{P(B)}=\dfrac{\frac{3}{10}}{\frac{2}{5}}=\dfrac{3}{4}$

답 (1) $\dfrac{3}{10}$ (2) $\dfrac{3}{4}$

170

주사위를 던져서 나온 눈의 수가 소수일 사건을 A, 8의 약수일 사건을 B라 하면

$A=\{2, 3, 5, 7\}$, $B=\{1, 2, 4, 8\}$이므로

$A\cap B=\{2\}$

따라서 $P(A\cap B)=\dfrac{1}{8}$, $P(B)=\dfrac{4}{8}=\dfrac{1}{2}$이므로

구하는 확률은

$$P(A|B)=\frac{P(A\cap B)}{P(B)}=\frac{\frac{1}{8}}{\frac{1}{2}}=\frac{1}{4}$$

답 $\dfrac{1}{4}$

171

(1) $P(A\cap B)=P(A)P(B|A)=\dfrac{3}{5}\times\dfrac{2}{3}=\dfrac{2}{5}$

(2) $P(A\cap B)=P(B)P(A|B)=P(B)\times\dfrac{3}{4}=\dfrac{1}{6}$

$$\therefore P(B)=\frac{2}{9}$$

답 (1) $\dfrac{2}{5}$ (2) $\dfrac{2}{9}$

172

학생 A가 당첨 제비를 뽑는 사건을 A, 학생 B가 당첨 제비를 뽑는 사건을 B라 하면

(1) 학생 A가 당첨 제비를 뽑았을 때, 남아 있는 9개의 제비 중 당첨 제비는 1개이므로 학생 B가 당첨 제비를 뽑을 확률은

$$P(B|A)=\frac{1}{9}$$

(2) 학생 A가 당첨 제비를 뽑지 못했을 때, 남아 있는 9개의 제비 중 당첨 제비는 2개이므로 학생 B가 당첨 제비를 뽑을 확률은

$$P(B|A^c)=\frac{2}{9}$$

답 (1) $\dfrac{1}{9}$ (2) $\dfrac{2}{9}$

173

$A=\{1, 3, 5\}$, $B=\{2, 3\}$이므로

$A\cap B=\{3\}$

(1) $P(A)=\dfrac{3}{6}=\dfrac{1}{2}$, $P(B)=\dfrac{2}{6}=\dfrac{1}{3}$, $P(A\cap B)=\dfrac{1}{6}$

(2) $P(A|B)=\dfrac{P(A\cap B)}{P(B)}=\dfrac{\frac{1}{6}}{\frac{1}{3}}=\dfrac{1}{2}$

$P(B^c)=1-P(B)=1-\dfrac{1}{3}=\dfrac{2}{3}$

이고

$P(A\cap B^c)=P(A)-P(A\cap B)=\dfrac{1}{2}-\dfrac{1}{6}=\dfrac{1}{3}$

이므로

$P(A|B^c)=\dfrac{P(A\cap B^c)}{P(B^c)}=\dfrac{\frac{1}{3}}{\frac{2}{3}}=\dfrac{1}{2}$

(3) $P(A\cap B)=\dfrac{1}{6}$, $P(A)P(B)=\dfrac{1}{2}\times\dfrac{1}{3}=\dfrac{1}{6}$

즉, $P(A\cap B)=P(A)P(B)$이므로 두 사건 A, B는 서로 독립이다.

답 (1) $P(A)=\dfrac{1}{2}$, $P(B)=\dfrac{1}{3}$, $P(A\cap B)=\dfrac{1}{6}$

(2) $P(A|B)=\dfrac{1}{2}$, $P(A|B^c)=\dfrac{1}{2}$

(3) 독립

174

(1) 두 사건 A, B가 서로 독립이므로

$$P(A\cap B)=P(A)P(B)=\frac{1}{4}\times\frac{1}{5}=\frac{1}{20}$$

(2) 두 사건 A, B가 서로 독립이면 두 사건 A, B^c도 서로 독립이므로

$$P(A\cap B^c)=P(A)P(B^c)=\frac{1}{4}\times\left(1-\frac{1}{5}\right)=\frac{1}{5}$$

답 (1) $\dfrac{1}{20}$ (2) $\dfrac{1}{5}$

175

(1) 두 학생 A, B가 던진 주사위의 눈이 3의 배수인 사건을 각각 A, B라 하면

$$P(A)=\frac{2}{6}=\frac{1}{3}, \ P(B)=\frac{2}{6}=\frac{1}{3}$$

두 사건 A, B는 서로 독립이므로 구하는 확률은

$$P(A\cap B)=P(A)P(B)=\frac{1}{3}\times\frac{1}{3}=\frac{1}{9}$$

(2) 두 선수 A, B가 자유투를 성공하는 사건을 각각 A, B라 하면

$$P(A)=\frac{2}{3}, \ P(B)=\frac{3}{5}$$

두 사건 A, B는 서로 독립이므로 구하는 확률은

$$P(A\cap B)=P(A)P(B)=\frac{2}{3}\times\frac{3}{5}=\frac{2}{5}$$

답 (1) $\dfrac{1}{9}$ (2) $\dfrac{2}{5}$

176

(1) $\mathrm{P}(A)=\dfrac{1}{2}$

(2) $\mathrm{P}(A)=\dfrac{1}{2}$, $\mathrm{P}(A^c)=1-\dfrac{1}{2}=\dfrac{1}{2}$이고,

각 시행은 서로 독립이므로 구하는 확률은

$${}_4\mathrm{C}_2\left(\dfrac{1}{2}\right)^2\left(\dfrac{1}{2}\right)^2=\dfrac{3}{8}$$

탑 (1) $\dfrac{1}{2}$ (2) $\dfrac{3}{8}$

177

공을 꺼내어 색깔을 확인하고 다시 주머니에 넣으므로 각 시행에서 검은 공이 나올 확률은 일정하다.

주머니에서 공을 꺼냈을 때 검은 공이 나오는 사건을 A라 하면

$$\mathrm{P}(A)=\dfrac{2}{3}, \quad \mathrm{P}(A^c)=1-\dfrac{2}{3}=\dfrac{1}{3}$$

각 시행은 서로 독립이므로 구하는 확률은

$${}_3\mathrm{C}_2\left(\dfrac{2}{3}\right)^2\left(\dfrac{1}{3}\right)^1=\dfrac{4}{9}$$

탑 $\dfrac{4}{9}$

유형 콕콕
본문 p.38~41

178 ②	**179** ③	**180** $\dfrac{5}{9}$	**181** $\dfrac{12}{25}$	**182** $\dfrac{11}{18}$	**183** $\dfrac{4}{9}$
184 ①	**185** ①	**186** $\dfrac{2}{15}$	**187** ⑤	**188** $\dfrac{3}{7}$	**189** $\dfrac{9}{44}$
190 ㄷ	**191** ㄱ	**192** $\dfrac{1}{3}$	**193** $\dfrac{1}{3}$	**194** ①	**195** ③
196 $\dfrac{4}{5}$	**197** ④	**198** ③	**199** ⑤	**200** ④	**201** $\dfrac{5}{16}$
202 $\dfrac{200}{729}$					

178

$$\mathrm{P}(A\cup B)=1-\mathrm{P}((A\cup B)^c)=1-\mathrm{P}(A^c\cap B^c)=1-\dfrac{1}{6}=\dfrac{5}{6}$$

$$\mathrm{P}(A\cap B)=\mathrm{P}(A)+\mathrm{P}(B)-\mathrm{P}(A\cup B)=\dfrac{1}{3}+\dfrac{3}{4}-\dfrac{5}{6}=\dfrac{1}{4}$$

$$\therefore \mathrm{P}(A|B)=\dfrac{\mathrm{P}(A\cap B)}{\mathrm{P}(B)}=\dfrac{\frac{1}{4}}{\frac{3}{4}}=\dfrac{1}{3}$$

탑 ②

179

$\mathrm{P}(A)=\dfrac{1}{3}$, $\mathrm{P}(A\cap B^c)=\dfrac{1}{6}$에서

$$\mathrm{P}(A\cap B)=\mathrm{P}(A)-\mathrm{P}(A\cap B^c)=\dfrac{1}{3}-\dfrac{1}{6}=\dfrac{1}{6}$$

$$\therefore \mathrm{P}(B|A)=\dfrac{\mathrm{P}(A\cap B)}{\mathrm{P}(A)}=\dfrac{\frac{1}{6}}{\frac{1}{3}}=\dfrac{1}{2}$$

탑 ③

180

$$\mathrm{P}(A|B)=\dfrac{\mathrm{P}(A\cap B)}{\mathrm{P}(B)}\text{에서 } \dfrac{1}{2}=\dfrac{\mathrm{P}(A\cap B)}{\frac{2}{3}}$$

$$\therefore \mathrm{P}(A\cap B)=\dfrac{1}{3}$$

$$\mathrm{P}(A\cup B)=\mathrm{P}(A)+\mathrm{P}(B)-\mathrm{P}(A\cap B)=\dfrac{1}{4}+\dfrac{2}{3}-\dfrac{1}{3}=\dfrac{7}{12}$$

$$\mathrm{P}(A^c\cap B^c)=\mathrm{P}((A\cup B)^c)=1-\mathrm{P}(A\cup B)=1-\dfrac{7}{12}=\dfrac{5}{12}$$

$$\mathrm{P}(A^c)=1-\mathrm{P}(A)=1-\dfrac{1}{4}=\dfrac{3}{4}$$

$$\therefore \mathrm{P}(B^c|A^c)=\dfrac{\mathrm{P}(A^c\cap B^c)}{\mathrm{P}(A^c)}=\dfrac{\frac{5}{12}}{\frac{3}{4}}=\dfrac{5}{9}$$

탑 $\dfrac{5}{9}$

181

임의로 택한 한 명이 여학생일 사건을 A, 수학을 선호하는 학생일 사건을 B라 하면

$$\mathrm{P}(A)=\dfrac{12+13}{50}=\dfrac{1}{2}, \quad \mathrm{P}(A\cap B)=\dfrac{12}{50}=\dfrac{6}{25}$$

따라서 구하는 확률은

$$\mathrm{P}(B|A)=\dfrac{\mathrm{P}(A\cap B)}{\mathrm{P}(A)}=\dfrac{\frac{6}{25}}{\frac{1}{2}}=\dfrac{12}{25}$$

다른 풀이

임의로 택한 한 명이 여학생일 사건을 A, 수학을 선호하는 학생일 사건을 B라 하면

$$n(A)=12+13=25, \quad n(A\cap B)=12$$

$\mathrm{P}(B|A)$는 사건 A를 표본공간으로 생각했을 때 사건 $A\cap B$가 일어날 확률이므로

$$\mathrm{P}(B|A)=\dfrac{n(A\cap B)}{n(A)}=\dfrac{12}{25}$$

탑 $\dfrac{12}{25}$

182

임의로 택한 한 명이 드론 동아리에 가입한 학생일 사건을 A, 남학생일 사건을 B라 하면

$$\mathrm{P}(A)=\dfrac{11+7}{35}=\dfrac{18}{35}, \quad \mathrm{P}(A\cap B)=\dfrac{11}{35}$$

따라서 구하는 확률은

$$\mathrm{P}(B|A)=\dfrac{\mathrm{P}(A\cap B)}{\mathrm{P}(A)}=\dfrac{\frac{11}{35}}{\frac{18}{35}}=\dfrac{11}{18}$$

탑 $\dfrac{11}{18}$

183

A사에서 구입한 컴퓨터의 대수를 x라 하면

$$x+(x-2)=8 \qquad \therefore x=5$$

또한 B사에서 구입한 컴퓨터의 대수를 y라 하면

$$y+(y+2)=10 \qquad \therefore y=4$$

이때, 두 회사 A, B에서 구입한 컴퓨터와 태블릿의 대수를 표로 나타내면 오른쪽과 같다.

(단위 : 대)

	A사	B사
컴퓨터	5	4
태블릿	3	6

컴퓨터를 택하는 사건을 A, B사에서 구입한 제품을 택하는 사건을 B라 하면

$$\mathrm{P}(A)=\dfrac{5+4}{18}=\dfrac{1}{2}, \quad \mathrm{P}(A\cap B)=\dfrac{4}{18}=\dfrac{2}{9}$$

따라서 구하는 확률은

$$\mathrm{P}(B|A)=\dfrac{\mathrm{P}(A\cap B)}{\mathrm{P}(A)}=\dfrac{\frac{2}{9}}{\frac{1}{2}}=\dfrac{4}{9}$$

탑 $\dfrac{4}{9}$

184

첫 번째 꺼낸 공이 흰 공인 사건을 A, 두 번째 꺼낸 공이 흰 공인 사건을 B라 하면

$$P(A)=\frac{3}{7}, \quad P(B|A)=\frac{2}{6}=\frac{1}{3}$$

따라서 구하는 확률은

$$P(A\cap B)=P(A)P(B|A)=\frac{3}{7}\times\frac{1}{3}=\frac{1}{7}$$

답 ①

185

첫 번째 뽑힌 대표가 여학생일 사건을 A, 두 번째 뽑힌 대표가 여학생일 사건을 B라 하면

$$P(A)=\frac{11}{20}, \quad P(B|A)=\frac{10}{19}$$

따라서 구하는 확률은

$$P(A\cap B)=P(A)P(B|A)=\frac{11}{20}\times\frac{10}{19}=\frac{11}{38}$$

답 ①

186

A가 당첨 제비를 뽑는 사건을 A, B가 당첨 제비를 뽑는 사건을 B라 하면

$$P(A)=\frac{4}{10}, \quad P(B|A)=\frac{3}{9}=\frac{1}{3}$$

⟨가⟩

따라서 구하는 확률은

$$P(A\cap B)=P(A)P(B|A)=\frac{4}{10}\times\frac{1}{3}=\frac{2}{15}$$

⟨나⟩

단계	채점 요소	비율
가	A가 당첨 제비를 뽑을 확률과 B가 당첨 제비를 뽑을 확률 각각 구하기	50%
나	확률 구하기	50%

답 $\dfrac{2}{15}$

187

A 주머니를 택하는 사건을 A, 주머니에서 소수인 공을 꺼내는 사건을 E라 하면 B 주머니를 택하는 사건은 A^{C}이다.

$P(A)=\dfrac{1}{2}$이므로 $P(A^{C})=1-\dfrac{1}{2}=\dfrac{1}{2}$

$P(E|A)=\dfrac{2}{4}=\dfrac{1}{2}$, $P(E|A^{C})=\dfrac{2}{3}$이므로

$$P(A\cap E)=P(A)P(E|A)=\frac{1}{2}\times\frac{1}{2}=\frac{1}{4}$$

$$P(A^{C}\cap E)=P(A^{C})P(E|A^{C})=\frac{1}{2}\times\frac{2}{3}=\frac{1}{3}$$

따라서 구하는 확률은

$$P(E)=P(A\cap E)+P(A^{C}\cap E)=\frac{1}{4}+\frac{1}{3}=\frac{7}{12}$$

답 ⑤

188

두 사람 A, B가 흰 공을 꺼내는 사건을 각각 A, B라 하면
A가 흰 공을 꺼내고 B가 흰 공을 꺼낼 확률은 $P(A\cap B)$이고,
A가 검은 공을 꺼내고 B가 흰 공을 꺼낼 확률은 $P(A^{C}\cap B)$이다.
따라서 구하는 확률은

$$\begin{aligned}P(B)&=P(A\cap B)+P(A^{C}\cap B)\\&=P(A)P(B|A)+P(A^{C})P(B|A^{C})\\&=\frac{3}{7}\times\frac{2}{6}+\frac{4}{7}\times\frac{3}{6}=\frac{3}{7}\end{aligned}$$

답 $\dfrac{3}{7}$

189

공장 A에서 생산된 제품일 사건을 A, 공장 B에서 생산된 제품일 사건을 B, 불량품일 사건을 E라 하면 공장 A에서 생산되는 제품이 불량품일 확률은 $P(A\cap E)$이고, 공장 B에서 생산되는 제품이 불량품일 확률은 $P(B\cap E)$이다.

$$P(A\cap E)=P(A)P(E|A)=\frac{30}{100}\times\frac{3}{100}=\frac{9}{1000}$$

$$P(B\cap E)=P(B)P(E|B)=\frac{70}{100}\times\frac{5}{100}=\frac{35}{1000}$$

즉, 불량품이 나올 확률은

$$P(E)=P(A\cap E)+P(B\cap E)=\frac{9}{1000}+\frac{35}{1000}=\frac{44}{1000}$$

따라서 임의로 택한 제품이 불량품이었을 때, 이 제품이 공장 A에서 생산되었을 확률은

$$P(A|E)=\frac{P(A\cap E)}{P(E)}=\frac{\frac{9}{1000}}{\frac{44}{1000}}=\frac{9}{44}$$

답 $\dfrac{9}{44}$

190

4장의 카드에서 2장을 뽑는 경우의 수는

$$_{4}C_{2}=6$$

사건 A는 2, 3이 적힌 카드를 뽑는 경우이므로 $n(A)=1$, 사건 B는 1, 4 또는 2, 4 또는 3, 4가 적힌 카드를 뽑는 경우이므로 $n(B)=3$, 사건 C는 2, 3 또는 2, 4가 적힌 카드를 뽑는 경우이므로 $n(C)=2$

$$\therefore P(A)=\frac{1}{6}, \quad P(B)=\frac{3}{6}=\frac{1}{2}, \quad P(C)=\frac{2}{6}=\frac{1}{3}$$

ㄱ. $P(A\cap B)=0$, $P(A)P(B)=\dfrac{1}{6}\times\dfrac{1}{2}=\dfrac{1}{12}$

즉, $P(A\cap B)\neq P(A)P(B)$이므로 두 사건 A, B는 서로 종속이다.

ㄴ. $P(A\cap C)=\dfrac{1}{6}$, $P(A)P(C)=\dfrac{1}{6}\times\dfrac{1}{3}=\dfrac{1}{18}$

즉, $P(A\cap C)\neq P(A)P(C)$이므로 두 사건 A, C는 서로 종속이다.

ㄷ. $P(B\cap C)=\dfrac{1}{6}$, $P(B)P(C)=\dfrac{1}{2}\times\dfrac{1}{3}=\dfrac{1}{6}$

즉, $P(B\cap C)=P(B)P(C)$이므로 두 사건 B, C는 서로 독립이다.

따라서 서로 독립인 사건은 ㄷ이다.

답 ㄷ

191

$A=\{1, 3, 5\}$, $B=\{2, 4, 6\}$, $C=\{2, 3\}$이므로

$$P(A)=\frac{3}{6}=\frac{1}{2}, \quad P(B)=\frac{3}{6}=\frac{1}{2}, \quad P(C)=\frac{2}{6}=\frac{1}{3}$$

ㄱ. $A\cap B=\varnothing$이므로 $P(A\cap B)=0$

이때, $P(A)P(B)=\dfrac{1}{2}\times\dfrac{1}{2}=\dfrac{1}{4}$

즉, $P(A\cap B)\neq P(A)P(B)$이므로 두 사건 A, B는 서로 종속이다.

ㄴ. $A\cap C=\{3\}$이므로 $P(A\cap C)=\dfrac{1}{6}$

이때, $P(A)P(C)=\dfrac{1}{2}\times\dfrac{1}{3}=\dfrac{1}{6}$

즉, $P(A\cap C)=P(A)P(C)$이므로 두 사건 A, C는 서로 독립이다.

ㄷ. $B\cap C=\{2\}$이므로 $P(B\cap C)=\dfrac{1}{6}$

이때, $P(B)P(C)=\dfrac{1}{2}\times\dfrac{1}{3}=\dfrac{1}{6}$

즉, $P(B \cap C) = P(B)P(C)$이므로 두 사건 B, C는 서로 독립이다.
따라서 서로 종속인 사건은 ㄱ이다. **답** ㄱ

192

$P(A \cap B^C) = P(A \cup B) - P(B)$이므로

$\dfrac{1}{5} = \dfrac{3}{5} - P(B)$ $\therefore P(B) = \dfrac{2}{5}$

두 사건 A, B가 서로 독립이므로

$P(A \cup B) = P(A) + P(B) - P(A \cap B)$

$\qquad\qquad = P(A) + P(B) - P(A)P(B)$

$\dfrac{3}{5} = P(A) + \dfrac{2}{5} - \dfrac{2}{5}P(A)$

$\therefore P(A) = \dfrac{1}{3}$ **답** $\dfrac{1}{3}$

193

두 사건 A, B가 서로 독립이므로

$P(A \cup B) = P(A) + P(B) - P(A \cap B)$

$\qquad\qquad = P(A) + P(B) - P(A)P(B)$

$\dfrac{2}{3} = P(A) + \dfrac{1}{2} - \dfrac{1}{2}P(A)$

$\therefore P(A) = \dfrac{1}{3}$ **답** $\dfrac{1}{3}$

194

A 학생이 흰 공을 꺼내는 사건을 A, B 학생이 흰 공을 꺼내는 사건을 B라 하면

$P(A) = \dfrac{3}{5}$, $P(B) = \dfrac{3}{5}$

이고, 두 사건 A, B는 서로 독립이다.
A 학생이 두 번째로 공을 꺼냈을 때 처음으로 흰 공이 나오려면 학생 A, B가 각각 첫 번째로 공을 꺼냈을 때 검은 공이 나와야 한다.
따라서 구하는 확률은

$P(A^C \cap B^C \cap A) = P(A^C)P(B^C)P(A)$

$\qquad\qquad\qquad = \left(1 - \dfrac{3}{5}\right) \times \left(1 - \dfrac{3}{5}\right) \times \dfrac{3}{5}$

$\qquad\qquad\qquad = \dfrac{2}{5} \times \dfrac{2}{5} \times \dfrac{3}{5} = \dfrac{12}{125}$ **답** ①

195

A 주머니에서 검은 공을 꺼내는 사건을 A, B 주머니에서 검은 공을 꺼내는 사건을 B라 하면 두 사건 A, B는 서로 독립이므로 2개 모두 검은 공을 꺼낼 확률은

$P(A \cap B) = P(A)P(B) = \dfrac{4}{8} \times \dfrac{3}{7} = \dfrac{3}{14}$ **답** ③

196

두 개의 스위치 A, B가 닫혀 있을 사건을 각각 A, B라 하면 두 사건 A, B는 서로 독립이므로 두 사건 A^C, B^C도 서로 독립이다.
이때, 두 개의 스위치 A, B가 모두 열려 있을 확률은

$P(A^C \cap B^C) = P(A^C)P(B^C) = \left(1 - \dfrac{1}{2}\right) \times \left(1 - \dfrac{3}{5}\right) = \dfrac{1}{2} \times \dfrac{2}{5} = \dfrac{1}{5}$
가

따라서 전구에 불이 켜지려면 적어도 하나의 스위치는 닫혀 있어야 하므로 구하는 확률은

$P(A \cup B) = 1 - P(A^C \cap B^C) = 1 - \dfrac{1}{5} = \dfrac{4}{5}$
나

단계	채점 요소	비율
가	두 개의 스위치 A, B가 모두 열려 있을 확률 구하기	60%
나	확률 구하기	40%

답 $\dfrac{4}{5}$

197

정사면체를 1번 던질 때 숫자 3이 나올 확률은 $\dfrac{1}{4}$이다.

숫자 3이 0번 나올 확률은

$_4C_0\left(\dfrac{1}{4}\right)^0\left(\dfrac{3}{4}\right)^4 = \dfrac{81}{256}$

숫자 3이 1번 나올 확률은

$_4C_1\left(\dfrac{1}{4}\right)^1\left(\dfrac{3}{4}\right)^3 = \dfrac{108}{256}$

따라서 숫자 3이 적어도 두 번 나올 확률은

$1 - \left(\dfrac{81}{256} + \dfrac{108}{256}\right) = \dfrac{67}{256}$ **답** ④

198

한 타석 이상 안타를 치는 사건을 A라 하면 한 타석도 안타를 치지 못하는 사건은 A^C이므로

$P(A^C) = {}_3C_0\left(\dfrac{1}{4}\right)^0\left(\dfrac{3}{4}\right)^3 = \dfrac{27}{64}$

$\therefore P(A) = 1 - P(A^C) = 1 - \dfrac{27}{64} = \dfrac{37}{64}$ **답** ③

199

문제를 맞힐 확률이 $\dfrac{2}{3}$이므로 문제를 맞히지 못할 확률은 $\dfrac{1}{3}$이다.

4문제 중에서 3문제를 맞힐 확률은

$_4C_3\left(\dfrac{2}{3}\right)^3\left(\dfrac{1}{3}\right)^1 = \dfrac{32}{81}$

4문제 중에서 4문제를 모두 맞힐 확률은

$_4C_4\left(\dfrac{2}{3}\right)^4\left(\dfrac{1}{3}\right)^0 = \dfrac{16}{81}$

따라서 시험에 합격할 확률은

$\dfrac{32}{81} + \dfrac{16}{81} = \dfrac{16}{27}$ **답** ⑤

200

한 개의 주사위를 던질 때 3 이상의 눈이 나올 확률은 $\dfrac{2}{3}$이다.

이때, 주사위를 던져서 3 이상의 눈이 x번, 3보다 작은 눈이 y번 나온다고 하면

$x + y = 4$, $2x - y = 5$

두 식을 연립하여 풀면

$x = 3$, $y = 1$

따라서 주사위를 4번 던져서 점 P의 좌표가 5이려면 3 이상의 눈이 3번, 3보다 작은 눈이 1번 나와야 하므로 구하는 확률은

$_4C_3\left(\dfrac{2}{3}\right)^3\left(\dfrac{1}{3}\right)^1 = \dfrac{32}{81}$ **답** ④

201

한 개의 동전을 던질 때 앞면이 나올 확률은 $\dfrac{1}{2}$이다.

이때, 동전을 던져서 앞면이 x번, 뒷면이 y번 나온다고 하면
$x+y=6,\ x-y=0$
두 식을 연립하여 풀면
$x=3,\ y=3$
따라서 동전을 6번 던져서 점 P가 원점에 있으려면 앞면이 3번, 뒷면이 3번 나와야 하므로 구하는 확률은

$$_6\mathrm{C}_3\left(\dfrac{1}{2}\right)^3\left(\dfrac{1}{2}\right)^3=\dfrac{5}{16}$$

답 $\dfrac{5}{16}$

202

A팀이 B팀을 이길 확률이 $\dfrac{1}{3}$이므로 B팀이 A팀을 이길 확률은 $\dfrac{2}{3}$이다.

한편, 여섯 번째 경기에서 우승팀이 결정되려면 우승팀은 5번의 경기에서 3번 이기고 마지막 여섯 번째 경기에서도 이겨야 한다.

(i) A팀이 우승하는 경우

A팀이 5번의 경기에서 3번 이기고 여섯 번째 경기에서 이겨야 하므로

$$_5\mathrm{C}_3\left(\dfrac{1}{3}\right)^3\left(\dfrac{2}{3}\right)^2\times\dfrac{1}{3}=\dfrac{40}{729}$$

⟨가⟩

(ii) B팀이 우승하는 경우

B팀이 5번의 경기에서 3번 이기고 여섯 번째 경기에서 이겨야 하므로

$$_5\mathrm{C}_3\left(\dfrac{2}{3}\right)^3\left(\dfrac{1}{3}\right)^2\times\dfrac{2}{3}=\dfrac{160}{729}$$

⟨나⟩

(i), (ii)에서 구하는 확률은

$$\dfrac{40}{729}+\dfrac{160}{729}=\dfrac{200}{729}$$

⟨다⟩

단계	채점 요소	비율
가	A팀이 우승하는 경우의 확률 구하기	40%
나	B팀이 우승하는 경우의 확률 구하기	40%
다	확률 구하기	20%

답 $\dfrac{200}{729}$

203

임의로 택한 한 명이 여성인 사건을 A, 마라톤에서 완주하였을 사건을 B라 하면

$$\mathrm{P}(A)=\dfrac{9+6}{50}=\dfrac{15}{50},\ \mathrm{P}(A\cap B)=\dfrac{9}{50}$$

따라서 구하는 확률은

$$\mathrm{P}(B\,|\,A)=\dfrac{\mathrm{P}(A\cap B)}{\mathrm{P}(A)}=\dfrac{\dfrac{9}{50}}{\dfrac{15}{50}}=\dfrac{9}{15}=\dfrac{3}{5}$$

답 ③

204

체험 학습 A를 택한 학생은 남학생이 90명이고, 여학생이 70명이므로 체험 학습 A를 택한 학생 수는
$90+70=160$
전체 학생은 360명이므로 체험 학습 B를 선택한 학생 수는
$360-160=200$
체험 학습 B를 택한 학생 중에서 남학생 수를 a라 하면 여학생 수는 $200-a$이다. 이것을 표로 나타내면 다음과 같다.

(단위 : 명)

	남학생	여학생	계
체험 학습 A	90	70	160
체험 학습 B	a	$200-a$	200
계	$90+a$	$270-a$	360

또한 이 학교의 학생 중에서 임의로 택한 한 명의 학생이 체험 학습 B를 택한 학생일 때, 이 학생이 남학생일 확률이 $\dfrac{2}{5}$이므로 체험 학습 B를 택할 사건을 A, 남학생일 사건을 B라 하면

$$\mathrm{P}(B\,|\,A)=\dfrac{n(A\cap B)}{n(A)}=\dfrac{a}{200}=\dfrac{2}{5}$$

$5a=400\quad\therefore a=80$
위의 표에서 여학생 수는 $270-a$이므로
$270-a=270-80=190$
따라서 이 학교의 여학생 수는 190이다.

답 ④

205

한 개의 주사위를 두 번 던질 때, 6의 눈이 한 번도 나오지 않을 사건을 E라 하면

$$\mathrm{P}(E)=\dfrac{5}{6}\times\dfrac{5}{6}=\dfrac{25}{36}$$

이때, 나온 두 눈의 수를 각각 a, b라 할 때, $a+b$의 값이 4의 배수일 사건을 A라 하자.

(i) $a+b=4$인 경우

$1+3$, $2+2$, $3+1$이므로 경우의 수는 3이다.

(ii) $a+b=8$인 경우

$3+5$, $4+4$, $5+3$이므로 경우의 수는 3이다.

(iii) $a+b=12$인 경우

$6+6$이므로 제외한다.

(i)~(iii)에서 $n(A)=3+3=6$

$$\therefore \mathrm{P}(A\cap E)=\dfrac{6}{36}=\dfrac{1}{6}$$

따라서 구하는 확률은

$$\mathrm{P}(A\,|\,E)=\dfrac{\mathrm{P}(A\cap E)}{\mathrm{P}(E)}=\dfrac{\dfrac{1}{6}}{\dfrac{25}{36}}=\dfrac{6}{25}$$

답 ③

206

한 개의 주사위를 던질 때 나오는 경우의 수는 6이다.
이때, $A=\{2,\ 4,\ 6\}$, $B=\{2,\ 3,\ 5\}$이므로

$A^C = \{1, 3, 5\}$, $A \cap B = \{2\}$, $A^C \cap B = \{3, 5\}$

즉, $P(A) = \dfrac{3}{6} = \dfrac{1}{2}$, $P(A^C) = \dfrac{3}{6} = \dfrac{1}{2}$,

$P(A \cap B) = \dfrac{1}{6}$, $P(A^C \cap B) = \dfrac{2}{6} = \dfrac{1}{3}$

따라서

$$P(B|A) = \frac{P(A \cap B)}{P(A)} = \frac{\frac{1}{6}}{\frac{1}{2}} = \frac{1}{3}$$

$$P(B|A^C) = \frac{P(A^C \cap B)}{P(A^C)} = \frac{\frac{1}{3}}{\frac{1}{2}} = \frac{2}{3}$$

이므로

$$P(B|A) - P(B|A^C) = \frac{1}{3} - \frac{2}{3} = -\frac{1}{3}$$

답 ①

207

첫 번째 시행에서 같은 색의 공 2개를 꺼내고 두 번째 시행에서 같은 색의 공 2개를 꺼낸 다음, 세 번째 시행에서 처음으로 서로 다른 색의 공 2개를 꺼낼 확률을 구하면 된다.

(i) 첫 번째 시행에서 빨간 공 2개, 두 번째 시행에서 노란 공 2개를 꺼낸 다음 세 번째 시행에서 빨간 공 1개와 노란 공 1개를 꺼낼 확률은

$$\frac{{}_3C_2}{{}_7C_2} \times \frac{{}_4C_2}{{}_5C_2} \times \frac{{}_1C_1 \times {}_2C_1}{{}_3C_2} = \frac{2}{35}$$

(ii) 첫 번째 시행에서 노란 공 2개, 두 번째 시행에서 빨간 공 2개를 꺼낸 다음 세 번째 시행에서 빨간 공 1개와 노란 공 1개를 꺼낼 확률은

$$\frac{{}_4C_2}{{}_7C_2} \times \frac{{}_3C_2}{{}_5C_2} \times \frac{{}_1C_1 \times {}_2C_1}{{}_3C_2} = \frac{2}{35}$$

(i), (ii)에서 구하는 확률은

$$\frac{2}{35} + \frac{2}{35} = \frac{4}{35}$$

답 ③

208

A 공장에서 생산된 제품일 사건을 A, B 공장에서 생산된 제품일 사건을 B, C 공장에서 생산된 제품일 사건을 C, 불량품일 사건을 E라 하면
A 공장에서 불량품이 생길 확률은

$$P(A \cap E) = P(A)P(E|A) = \frac{30}{100} \times \frac{2}{100} = \frac{6}{1000}$$

B 공장에서 불량품이 생길 확률은

$$P(B \cap E) = P(B)P(E|B) = \frac{20}{100} \times \frac{4}{100} = \frac{8}{1000}$$

C 공장에서 불량품이 생길 확률은

$$P(C \cap E) = P(C)P(E|C) = \frac{50}{100} \times \frac{a}{100} = \frac{5a}{1000}$$

즉, 불량품이 생길 확률은
$$P(E) = P(A \cap E) + P(B \cap E) + P(C \cap E)$$
$$= \frac{6}{1000} + \frac{8}{1000} + \frac{5a}{1000} = \frac{14 + 5a}{1000}$$

이때, 임의로 선택한 한 개의 제품이 불량품일 때, 그 제품이 C 공장에서 생산된 제품이었을 확률은

$$P(C|E) = \frac{P(C \cap E)}{P(E)} = \frac{\frac{5a}{1000}}{\frac{14 + 5a}{1000}} = \frac{15}{29}$$

$$\frac{5a}{14 + 5a} = \frac{15}{29}, \ 29a = 42 + 15a$$

$\therefore a = 3$

답 3

209

두 번째 꺼낸 공이 검은 공일 사건을 E, 첫 번째 꺼낸 공이 흰 공일 사건을 A, 첫 번째 꺼낸 공이 파란 공일 사건을 B, 첫 번째 꺼낸 공이 검은 공일 사건을 C라 하고, 각 경우를 다음 표와 같이 정리해 보자.

처음 꺼낸 공	첫 번째 시행 후 주머니 상태	두 번째 꺼낸 공이 검은 공일 확률
흰 공	흰흰 / 파파 / 검검검	$P(A \cap E) = \frac{1}{6} \times \frac{3}{7}$
파란 공	흰 / 파파파 / 검검검	$P(B \cap E) = \frac{2}{6} \times \frac{3}{7}$
검은 공	흰 / 파파 / 검검검검	$P(C \cap E) = \frac{3}{6} \times \frac{4}{7}$

즉, 두 번째 꺼낸 공이 검은 공일 확률은
$$P(E) = P(A \cap E) + P(B \cap E) + P(C \cap E)$$
$$= \frac{1}{6} \times \frac{3}{7} + \frac{2}{6} \times \frac{3}{7} + \frac{3}{6} \times \frac{4}{7}$$
$$= \frac{21}{42} = \frac{1}{2}$$

따라서 두 번째 꺼낸 공이 검은 공이었을 때, 첫 번째 꺼낸 공도 검은 공이었을 확률은

$$P(C|E) = \frac{P(C \cap E)}{P(E)} = \frac{\frac{3}{6} \times \frac{4}{7}}{\frac{1}{2}}$$

$$= \frac{24}{42} = \frac{4}{7}$$

답 $\dfrac{4}{7}$

210

ㄱ. $A_3 = \{3, 6, 9\}$, $A_4 = \{4, 8\}$이므로 $A_3 \cap A_4 = \varnothing$
즉, A_3과 A_4는 서로 배반사건이다. (참)

ㄴ. $A_2 = \{2, 4, 6, 8, 10\}$, $A_4 = \{4, 8\}$이므로 $A_2 \cap A_4 = \{4, 8\}$
즉, $P(A_2) = \dfrac{5}{10} = \dfrac{1}{2}$, $P(A_4) = \dfrac{2}{10} = \dfrac{1}{5}$, $P(A_2 \cap A_4) = \dfrac{2}{10} = \dfrac{1}{5}$이므로

$$P(A_4 | A_2) = \frac{P(A_4 \cap A_2)}{P(A_2)} = \frac{\frac{1}{5}}{\frac{1}{2}} = \frac{2}{5} \text{ (거짓)}$$

ㄷ. $A_2 = \{2, 4, 6, 8, 10\}$, $A_5 = \{5, 10\}$이므로 $A_2 \cap A_5 = \{10\}$
즉, $P(A_2 \cap A_5) = \dfrac{1}{10}$, $P(A_2) = \dfrac{5}{10} = \dfrac{1}{2}$, $P(A_5) = \dfrac{2}{10} = \dfrac{1}{5}$에서
$P(A_2 \cap A_5) = P(A_2)P(A_5)$이므로 두 사건 A_2와 A_5는 서로 독립이다. (참)

따라서 옳은 것은 ㄱ, ㄷ이다.

답 ㄱ, ㄷ

211

조건 (나)에서 두 사건 A, B가 서로 독립이므로
$$P(A \cup B) = P(A) + P(B) - P(A \cap B)$$
$$= P(A) + P(B) - P(A)P(B)$$
$$= \frac{1}{2} + \frac{1}{3} - \frac{1}{2} \times \frac{1}{3} = \frac{2}{3}$$

조건 (다)에서 사건 $A \cup B$와 사건 C가 서로 배반사건이므로
$(A \cup B) \cap C = \varnothing$, 즉 $P((A \cup B) \cap C) = 0$이므로

$$P((A\cup B)\cup C)=P(A\cup B)+P(C)$$
$$=\frac{2}{3}+\frac{1}{12}=\frac{3}{4}$$

답 $\dfrac{3}{4}$

212

두 사건 A, B가 서로 독립이므로 A와 B^c도 서로 독립이다.

$P(A\cap B)=2P(A\cap B^c)$에서

$P(A)P(B)=2P(A)P(B^c)$

$P(B)=2P(B^c)$ ($\because$ $P(A)\ne 0$)

$P(B)=2(1-P(B))$, $3P(B)=2$

$$\therefore P(B)=\frac{2}{3} \qquad\qquad \cdots\cdots \text{㉠}$$

한편, A, B가 서로 독립이므로 A^c과 B도 서로 독립이다.

$$P(A^c\cap B)=\frac{1}{12}\text{에서 } P(A^c)P(B)=\frac{1}{12} \qquad \cdots\cdots \text{㉡}$$

㉠을 ㉡에 대입하면

$$P(A^c)\times\frac{2}{3}=\frac{1}{12}, \ P(A^c)=\frac{1}{8}$$

$$\therefore P(A)=1-P(A^c)=1-\frac{1}{8}=\frac{7}{8}$$

답 $\dfrac{7}{8}$

213

모든 근원사건의 확률은 같고 $A=\{4, 8, 12\}$이므로

$$P(A)=\frac{3}{12}=\frac{1}{4}$$

$n(A\cap X)=2$이므로

$$P(A\cap X)=\frac{2}{12}=\frac{1}{6}$$

두 사건 A, X가 서로 독립이므로

$$P(A\cap X)=P(A)P(X), \ \frac{1}{6}=\frac{1}{4}P(X)$$

$$\therefore P(X)=\frac{4}{6}=\frac{8}{12}$$

즉, 사건 X의 원소의 개수는 8이다.

이때, $n(A\cap X)=2$이므로 사건 X는 사건 A와 공통된 원소가 2개이고, 6개는 사건 A의 여사건의 원소로 이루어져 있다.

따라서 사건 X의 개수는

$$_3C_2\times{}_9C_6={}_3C_1\times{}_9C_3=3\times84=252$$

답 252

214

4번의 시행에서 흰 공이 2번 나오고, 5번째에는 반드시 흰 공이 나와야 한다.

이때, 한 번의 시행에서 흰 공이 나올 확률은

$$\frac{2}{6}=\frac{1}{3}$$

따라서 구하는 확률은

$$_4C_2\left(\frac{1}{3}\right)^2\left(\frac{2}{3}\right)^2\times\frac{1}{3}=\frac{8}{81}$$

답 ④

215

정육면체 모양의 상자를 한 번 던질 때, 윗면에 적힌 수가 3일 확률은

$$\frac{3}{6}=\frac{1}{2}$$

정육면체 모양의 상자를 한 번 던질 때, 윗면에 적힌 수가 3 이외의 수일 확률은

$$\frac{3}{6}=\frac{1}{2}$$

정육면체 모양의 상자를 다섯 번 던질 때, 나온 모든 수의 곱이 3의 배수인 사건을 A라 하면 A의 여사건 A^c은 모든 수의 곱이 3의 배수가 아닌 사건이다.

이때, 모든 수의 곱이 3의 배수가 되지 않으려면 다섯 번 모두 3 이외의 수가 나와야 하므로

$$P(A^c)={}_5C_5\left(\frac{1}{2}\right)^5\left(\frac{1}{2}\right)^0=\frac{1}{32}$$

따라서 구하는 확률은

$$P(A)=1-P(A^c)=1-\frac{1}{32}=\frac{31}{32}$$

답 ⑤

216

(i) 동전을 3번 던져서 앞면이 나오는 횟수를 x, 뒷면이 나오는 횟수를 y라 하면

$$x+y=3, \ 2x+5y=12$$

두 식을 연립하여 풀면

$$x=1, \ y=2$$

따라서 구하는 확률은 동전을 3번 던져서 앞면이 1번, 뒷면이 2번 나올 확률이므로

$$_3C_1\left(\frac{1}{2}\right)^1\left(\frac{1}{2}\right)^2=\frac{3}{8}$$

(ii) 동전을 4번 던져서 앞면이 나오는 횟수를 z, 뒷면이 나오는 횟수를 w라 하면

$$z+w=4, \ 4z+3w=14$$

두 식을 연립하여 풀면

$$z=2, \ w=2$$

따라서 구하는 확률은 동전을 4번 던져서 앞면이 2번, 뒷면이 2번 나올 확률이므로

$$_4C_2\left(\frac{1}{2}\right)^2\left(\frac{1}{2}\right)^2=\frac{3}{8}$$

(i), (ii)에서 구하는 확률은

$$\frac{3}{8}+\frac{3}{8}=\frac{3}{4}$$

답 $\dfrac{3}{4}$

217

주사위를 던져서 6의 약수의 눈이 나오는 사건을 A, 주머니에서 꺼낸 두 개의 공의 색이 같은 사건을 B라 하자.

(i) 주사위를 던져서 6의 약수의 눈이 나오는 경우

주머니에 흰 공을 하나 넣으면 흰 공 3개, 검은 공 3개가 된다.

이때, 주머니에서 꺼낸 두 개의 공의 색이 같은 경우의 확률은

$$P(A\cap B)=P(A)P(B|A)$$
$$=\frac{4}{6}\times\frac{{}_3C_2+{}_3C_2}{{}_6C_2}$$
$$=\frac{2}{3}\times\frac{2}{5}=\frac{4}{15}$$

㉮

(ii) 주사위를 던져서 6의 약수의 눈이 나오지 않는 경우

주머니에 검은 공을 하나 넣으면 흰 공 2개, 검은 공 4개가 된다.

이때, 주머니에서 꺼낸 두 개의 공의 색이 같은 경우의 확률은

$$P(A^c\cap B)=P(A^c)P(B|A^c)$$
$$=\frac{2}{6}\times\frac{{}_2C_2+{}_4C_2}{{}_6C_2}$$
$$=\frac{1}{3}\times\frac{7}{15}=\frac{7}{45}$$

㉯

(i), (ii)에서 구하는 확률은

$$P(B)=P(A \cap B)+P(A^c \cap B)$$
$$=\frac{4}{15}+\frac{7}{45}=\frac{19}{45}$$

다

단계	채점 요소	비율
가	주사위를 던져서 6의 약수의 눈이 나오고, 주머니에서 꺼낸 두 개의 공의 색이 같은 경우의 확률 구하기	40%
나	주사위를 던져서 6의 약수의 눈이 나오지 않고, 주머니에서 꺼낸 두 개의 공의 색이 같은 경우의 확률 구하기	40%
다	확률 구하기	20%

답 $\dfrac{19}{45}$

218

주머니에서 흰 공을 꺼낼 확률은 $\dfrac{3}{5}$, 빨간 공을 꺼낼 확률은 $\dfrac{2}{5}$이다.

(i) 흰 공을 꺼낼 때 동전의 앞면이 3회 이상 나올 확률은

$$\frac{3}{5}\times\left\{{}_4C_3\left(\frac{1}{2}\right)^3\left(\frac{1}{2}\right)^1+{}_4C_4\left(\frac{1}{2}\right)^4\left(\frac{1}{2}\right)^0\right\}=\frac{3}{16}$$

가

(ii) 빨간 공을 꺼낼 때 동전의 앞면이 3회 이상 나올 확률은

$$\frac{2}{5}\times\left\{{}_5C_3\left(\frac{1}{2}\right)^3\left(\frac{1}{2}\right)^2+{}_5C_4\left(\frac{1}{2}\right)^4\left(\frac{1}{2}\right)^1+{}_5C_5\left(\frac{1}{2}\right)^5\left(\frac{1}{2}\right)^0\right\}=\frac{1}{5}$$

나

(i), (ii)에서 구하는 확률은

$$\frac{3}{16}+\frac{1}{5}=\frac{31}{80}$$

다

단계	채점 요소	비율
가	흰 공을 꺼낼 때 동전의 앞면이 3회 이상 나올 확률 구하기	40%
나	빨간 공을 꺼낼 때 동전의 앞면이 3회 이상 나올 확률 구하기	40%
다	확률 구하기	20%

답 $\dfrac{31}{80}$

05 이산확률분포

본문 p.47

◦ 개념 **콕콕** ◦

219

(1) 확률의 총합은 1이므로

$$\frac{1}{6}+a+\frac{1}{3}+\frac{1}{12}=1$$

$$\therefore a=\frac{5}{12}$$

(2) $P(2\leq X\leq3)=P(X=2)+P(X=3)$

$$=\frac{1}{3}+\frac{1}{12}=\frac{5}{12}$$

답 (1) $\dfrac{5}{12}$ (2) $\dfrac{5}{12}$

220

(1) 확률변수 X가 가질 수 있는 값은 1, 2, 3이다.

4장의 카드 중에서 2장의 카드를 뽑는 경우의 수는

$${}_4C_2=6$$

(i) $X=1$인 경우

1, 2 또는 2, 3 또는 3, 4가 적힌 카드를 뽑는 경우의 수는 3이므로

$$P(X=1)=\frac{3}{6}=\frac{1}{2}$$

(ii) $X=2$인 경우

1, 3 또는 2, 4가 적힌 카드를 뽑는 경우의 수는 2이므로

$$P(X=2)=\frac{2}{6}=\frac{1}{3}$$

(iii) $X=3$인 경우

1, 4가 적힌 카드를 뽑는 경우의 수는 1이므로

$$P(X=3)=\frac{1}{6}$$

따라서 X의 확률분포를 표로 나타내면 다음과 같다.

X	1	2	3	합계
$P(X=x)$	$\dfrac{1}{2}$	$\dfrac{1}{3}$	$\dfrac{1}{6}$	1

(2) $P(1\leq X\leq2)=P(X=1)+P(X=2)$

$$=\frac{1}{2}+\frac{1}{3}=\frac{5}{6}$$

답 (1) 풀이 참조 (2) $\dfrac{5}{6}$

221

$$E(X)=1\times\frac{1}{4}+2\times\frac{1}{2}+3\times\frac{1}{4}=2$$

$$E(X^2)=1^2\times\frac{1}{4}+2^2\times\frac{1}{2}+3^2\times\frac{1}{4}=\frac{9}{2}$$이므로

$$V(X)=E(X^2)-\{E(X)\}^2$$

$$=\frac{9}{2}-2^2=\frac{1}{2}$$

$$\sigma(X)=\sqrt{V(X)}=\sqrt{\frac{1}{2}}=\frac{\sqrt{2}}{2}$$

답 $E(X)=2$, $V(X)=\dfrac{1}{2}$, $\sigma(X)=\dfrac{\sqrt{2}}{2}$

222

(1) 확률변수 X가 가질 수 있는 값은 0, 1, 2이다.

4개의 공이 들어 있는 주머니에서 2개의 공을 꺼내는 경우의 수는 $_4C_2$이고, 꺼낸 공 중에서 흰 공의 개수가 x인 경우의 수는 $_2C_x \times _2C_{2-x}$이므로 X의 확률질량함수는

$$P(X=x) = \frac{_2C_x \times _2C_{2-x}}{_4C_2} \ (\text{단, } x=0, 1, 2)$$

이때, x의 값에 따라 각각의 확률을 구하면

$$P(X=0) = \frac{_2C_0 \times _2C_2}{_4C_2} = \frac{1}{6}$$

$$P(X=1) = \frac{_2C_1 \times _2C_1}{_4C_2} = \frac{2}{3}$$

$$P(X=2) = \frac{_2C_2 \times _2C_0}{_4C_2} = \frac{1}{6}$$

따라서 X의 확률분포를 표로 나타내면 다음과 같다.

X	0	1	2	합계
$P(X=x)$	$\frac{1}{6}$	$\frac{2}{3}$	$\frac{1}{6}$	1

(2) $E(X) = 0 \times \frac{1}{6} + 1 \times \frac{2}{3} + 2 \times \frac{1}{6} = 1$

$E(X^2) = 0^2 \times \frac{1}{6} + 1^2 \times \frac{2}{3} + 2^2 \times \frac{1}{6} = \frac{4}{3}$이므로

$$V(X) = E(X^2) - \{E(X)\}^2$$
$$= \frac{4}{3} - 1^2 = \frac{1}{3}$$

$$\sigma(X) = \sqrt{V(X)} = \sqrt{\frac{1}{3}} = \frac{\sqrt{3}}{3}$$

🅐 (1) 풀이 참조 (2) $E(X)=1$, $V(X)=\frac{1}{3}$, $\sigma(X)=\frac{\sqrt{3}}{3}$

223

(1) $E(3X+2) = 3E(X) + 2 = 3 \times 2 + 2 = 8$

(2) $V(-2X+3) = (-2)^2 V(X) = 4 \times 3 = 12$

🅐 (1) 8 (2) 12

224

$E(X) = 1 \times \frac{1}{2} + 2 \times \frac{1}{3} + 3 \times \frac{1}{6} = \frac{5}{3}$

$E(X^2) = 1^2 \times \frac{1}{2} + 2^2 \times \frac{1}{3} + 3^2 \times \frac{1}{6} = \frac{10}{3}$이므로

$$V(X) = E(X^2) - \{E(X)\}^2$$
$$= \frac{10}{3} - \left(\frac{5}{3}\right)^2 = \frac{5}{9}$$

$$\sigma(X) = \sqrt{V(X)} = \sqrt{\frac{5}{9}} = \frac{\sqrt{5}}{3}$$

따라서 구하는 확률변수 Y의 기댓값과 표준편차는 각각

$$E(Y) = E(2X-3) = 2E(X) - 3 = 2 \times \frac{5}{3} - 3 = \frac{1}{3}$$

$$\sigma(Y) = \sigma(2X-3) = |2|\sigma(X) = 2 \times \frac{\sqrt{5}}{3} = \frac{2\sqrt{5}}{3}$$

🅐 기댓값 : $\frac{1}{3}$, 표준편차 : $\frac{2\sqrt{5}}{3}$

225

(1) 동전의 앞면이 나올 확률이 $\frac{1}{2}$이므로 앞면이 나오는 횟수 X는 이항분포 $B\left(10, \frac{1}{2}\right)$을 따른다.

(2) $P(X=x) = _{10}C_x \left(\frac{1}{2}\right)^x \left(\frac{1}{2}\right)^{10-x}$

$$= _{10}C_x \left(\frac{1}{2}\right)^{10} \ (\text{단, } x=0, 1, \cdots, 10)$$

🅐 (1) $B\left(10, \frac{1}{2}\right)$ (2) 풀이 참조

226

(1) $E(X) = 25 \times \frac{1}{5} = 5$

(2) $V(X) = 25 \times \frac{1}{5} \times \frac{4}{5} = 4$

(3) $\sigma(X) = \sqrt{V(X)} = \sqrt{4} = 2$

🅐 (1) 5 (2) 4 (3) 2

227 ⑤	228 ①	229 ①	230 1	231 ③	232 $\frac{7}{36}$
233 ③	234 ④	235 5	236 ①	237 $\frac{\sqrt{11}}{4}$	238 1
239 ③	240 ⑤	241 5	242 ⑤	243 $\frac{189}{256}$	244 $\frac{9}{2}$
245 ②	246 ⑤	247 2	248 ③	249 ④	250 -5

227

확률의 총합은 1이므로

$$\frac{a}{4} + \frac{a}{2} + a^2 + \frac{3}{4}a = 1$$

$$a^2 + \frac{3}{2}a = 1, \ 2a^2 + 3a - 2 = 0$$

$$(2a-1)(a+2) = 0$$

$$\therefore a = \frac{1}{2} \ (\because a > 0)$$

🅐 ⑤

228

확률의 총합은 1이므로

$$P(X=-1) + P(X=0) + P(X=1) + P(X=2)$$
$$= a \times (-1)^2 + 0 + a \times 1^2 + a \times 2^2$$
$$= a + a + 4a = 6a = 1$$

$$\therefore a = \frac{1}{6}$$

🅐 ①

229

확률의 총합은 1이므로

$$P(X=0) + P(X=1) + P(X=2) + \cdots + P(X=18)$$

$$= \frac{a}{1 \times 2} + \frac{a}{2 \times 3} + \frac{a}{3 \times 4} + \cdots + \frac{a}{19 \times 20}$$

$$= a\left\{\left(1 - \frac{1}{2}\right) + \left(\frac{1}{2} - \frac{1}{3}\right) + \left(\frac{1}{3} - \frac{1}{4}\right) + \cdots + \left(\frac{1}{19} - \frac{1}{20}\right)\right\}$$

$$= a \times \left(1 - \frac{1}{20}\right) = 1$$

$$\therefore a = \frac{20}{19}$$

$$\therefore \mathrm{P}(X=3)=\dfrac{\dfrac{20}{19}}{4\times5}=\dfrac{1}{19}$$

답 ①

230

확률변수 X가 가질 수 있는 값은 0, 1, 2, 3이다.

7개의 공이 들어 있는 주머니에서 3개의 공을 꺼내는 경우의 수는 $_7\mathrm{C}_3$이고, 꺼낸 공 중에서 흰 공의 개수가 x인 경우의 수는 $_3\mathrm{C}_x\times_4\mathrm{C}_{3-x}$이므로 X의 확률질량함수는

$$\mathrm{P}(X=x)=\dfrac{_3\mathrm{C}_x\times_4\mathrm{C}_{3-x}}{_7\mathrm{C}_3}\ (단,\ x=0,\ 1,\ 2,\ 3)$$

이때, x의 값에 따라 각각의 확률을 구하면

$$\mathrm{P}(X=0)=\dfrac{_3\mathrm{C}_0\times_4\mathrm{C}_3}{_7\mathrm{C}_3}=\dfrac{4}{35}$$

$$\mathrm{P}(X=1)=\dfrac{_3\mathrm{C}_1\times_4\mathrm{C}_2}{_7\mathrm{C}_3}=\dfrac{18}{35}$$

$$\mathrm{P}(X=2)=\dfrac{_3\mathrm{C}_2\times_4\mathrm{C}_1}{_7\mathrm{C}_3}=\dfrac{12}{35}$$

$$\mathrm{P}(X=3)=\dfrac{_3\mathrm{C}_3\times_4\mathrm{C}_0}{_7\mathrm{C}_3}=\dfrac{1}{35}$$

즉, X의 확률분포를 표로 나타내면 다음과 같다.

X	0	1	2	3	합계
$\mathrm{P}(X=x)$	$\dfrac{4}{35}$	$\dfrac{18}{35}$	$\dfrac{12}{35}$	$\dfrac{1}{35}$	1

따라서 확률변수 X에 대하여

$$\mathrm{P}(X=0)+\mathrm{P}(X=1)=\dfrac{4}{35}+\dfrac{18}{35}=\dfrac{22}{35}$$

이므로

$$\mathrm{P}(X\le1)=\dfrac{22}{35}\qquad\therefore a=1$$

답 1

231

확률변수 X가 가질 수 있는 값은 0, 1, 2이다.

8개의 공이 들어 있는 주머니에서 2개의 공을 꺼내는 경우의 수는 $_8\mathrm{C}_2$이고, 꺼낸 공 중에서 빨간 공의 개수가 x인 경우의 수는 $_3\mathrm{C}_x\times_5\mathrm{C}_{2-x}$이므로 X의 확률질량함수는

$$\mathrm{P}(X=x)=\dfrac{_3\mathrm{C}_x\times_5\mathrm{C}_{2-x}}{_8\mathrm{C}_2}\ (단,\ x=0,\ 1,\ 2)$$

이때, x의 값에 따라 각각의 확률을 구하면

$$\mathrm{P}(X=0)=\dfrac{_3\mathrm{C}_0\times_5\mathrm{C}_2}{_8\mathrm{C}_2}=\dfrac{5}{14}$$

$$\mathrm{P}(X=1)=\dfrac{_3\mathrm{C}_1\times_5\mathrm{C}_1}{_8\mathrm{C}_2}=\dfrac{15}{28}$$

$$\mathrm{P}(X=2)=\dfrac{_3\mathrm{C}_2\times_5\mathrm{C}_0}{_8\mathrm{C}_2}=\dfrac{3}{28}$$

즉, X의 확률분포를 표로 나타내면 다음과 같다.

X	0	1	2	합계
$\mathrm{P}(X=x)$	$\dfrac{5}{14}$	$\dfrac{15}{28}$	$\dfrac{3}{28}$	1

따라서 확률변수 X에 대하여

$$\mathrm{P}(X>1)=\mathrm{P}(X=2)=\dfrac{3}{28}$$

답 ③

232

서로 다른 두 개의 주사위를 동시에 던져서 나오는 경우의 수는

$$6\times6=36$$

$X^2-9X+20\le0$에서 $(X-4)(X-5)\le0$이므로

$$4\le X\le5$$

$$\therefore \mathrm{P}(X^2-9X+20\le0)=\mathrm{P}(4\le X\le5)$$
$$=\mathrm{P}(X=4)+\mathrm{P}(X=5)$$

㉮

이때, 나오는 두 눈의 수를 각각 a, b라 하면 순서쌍 $(a,\ b)$에 대하여 두 눈의 수의 합이

4인 경우의 수는 $(1,\ 3)$, $(2,\ 2)$, $(3,\ 1)$의 3이므로

$$\mathrm{P}(X=4)=\dfrac{3}{36}=\dfrac{1}{12}$$

㉯

5인 경우의 수는 $(1,\ 4)$, $(2,\ 3)$, $(3,\ 2)$, $(4,\ 1)$의 4이므로

$$\mathrm{P}(X=5)=\dfrac{4}{36}=\dfrac{1}{9}$$

㉰

따라서 구하는 확률은

$$\mathrm{P}(4\le X\le5)=\mathrm{P}(X=4)+\mathrm{P}(X=5)$$
$$=\dfrac{1}{12}+\dfrac{1}{9}=\dfrac{7}{36}$$

㉱

단계	채점 요소	비율
㉮	$\mathrm{P}(X^2-9X+20\le0)=\mathrm{P}(X=4)+\mathrm{P}(X=5)$임을 구하기	30%
㉯	두 눈의 수의 합이 4인 경우의 확률 구하기	30%
㉰	두 눈의 수의 합이 5인 경우의 확률 구하기	30%
㉱	확률 구하기	10%

답 $\dfrac{7}{36}$

233

확률의 총합은 1이므로

$$\dfrac{1}{3}+a+\dfrac{1}{4}+b=1$$

$$\therefore a+b=\dfrac{5}{12}\qquad\cdots\cdots\ \bigcirc$$

$$\mathrm{E}(X)=0\times\dfrac{1}{3}+1\times a+2\times\dfrac{1}{4}+3\times b=\dfrac{3}{2}$$ 에서

$$a+3b+\dfrac{1}{2}=\dfrac{3}{2}$$

$$\therefore a+3b=1\qquad\cdots\cdots\ \bigcirc$$

$\bigcirc$, $\bigcirc$을 연립하여 풀면

$$a=\dfrac{1}{8},\ b=\dfrac{7}{24}$$

$$\therefore b-a=\dfrac{7}{24}-\dfrac{1}{8}=\dfrac{1}{6}$$

답 ③

234

$$\mathrm{E}(X)=-1\times\dfrac{1}{4}+0\times\dfrac{1}{4}+1\times\dfrac{1}{2}=\dfrac{1}{4}$$

답 ④

235

확률변수 X가 가질 수 있는 값은 3, 4, 5, 6, 7이고, 4장의 카드가 들어 있는 상자에서 2장의 카드를 꺼내는 경우의 수는

$$_4\mathrm{C}_2=6$$

㉮

(i) $X=3$인 경우

1, 2가 적힌 카드를 뽑는 경우의 수는 1이므로

$$P(X=3)=\frac{1}{6}$$

(ii) $X=4$인 경우

1, 3이 적힌 카드를 뽑는 경우의 수는 1이므로

$$P(X=4)=\frac{1}{6}$$

(iii) $X=5$인 경우

1, 4 또는 2, 3이 적힌 카드를 뽑는 경우의 수는 2이므로

$$P(X=5)=\frac{2}{6}=\frac{1}{3}$$

(iv) $X=6$인 경우

2, 4가 적힌 카드를 뽑는 경우의 수는 1이므로

$$P(X=6)=\frac{1}{6}$$

(v) $X=7$인 경우

3, 4가 적힌 카드를 뽑는 경우의 수는 1이므로

$$P(X=7)=\frac{1}{6}$$

즉, X의 확률분포를 표로 나타내면 다음과 같다.

X	3	4	5	6	7	합계
$P(X=x)$	$\frac{1}{6}$	$\frac{1}{6}$	$\frac{1}{3}$	$\frac{1}{6}$	$\frac{1}{6}$	1

따라서 확률변수 X의 기댓값은

$$E(X)=3\times\frac{1}{6}+4\times\frac{1}{6}+5\times\frac{1}{3}+6\times\frac{1}{6}+7\times\frac{1}{6}=5$$

단계	채점 요소	비율
㉮	4장의 카드가 들어 있는 주머니에서 2장의 카드를 꺼내는 경우의 수 구하기	20%
㉯	확률분포를 표로 나타내기	50%
㉰	X의 기댓값 구하기	30%

답 5

236

확률의 총합은 1이므로

$$a+\frac{1}{2}+b=1$$

$$\therefore a+b=\frac{1}{2} \qquad \cdots\cdots ㉠$$

$E(X)=1\times a+2\times\frac{1}{2}+3\times b=2$에서

$$a+3b=1 \qquad \cdots\cdots ㉡$$

㉠, ㉡을 연립하여 풀면

$$a=\frac{1}{4},\ b=\frac{1}{4}$$

이때, $E(X^2)=1^2\times\frac{1}{4}+2^2\times\frac{1}{2}+3^2\times\frac{1}{4}=\frac{9}{2}$

$$\therefore V(X)=E(X^2)-\{E(X)\}^2=\frac{9}{2}-2^2=\frac{1}{2}$$

답 ①

237

확률의 총합은 1이므로

$$a+a^2+a^2=1,\ 2a^2+a-1=0$$

$$(2a-1)(a+1)=0 \qquad \therefore a=\frac{1}{2}\ (\because a>0)$$

즉, X의 확률분포를 표로 나타내면 다음과 같다.

X	0	1	2	합계
$P(X=x)$	$\frac{1}{2}$	$\frac{1}{4}$	$\frac{1}{4}$	1

따라서 확률변수 X에 대하여

$$E(X)=0\times\frac{1}{2}+1\times\frac{1}{4}+2\times\frac{1}{4}=\frac{3}{4}$$

$$E(X^2)=0^2\times\frac{1}{2}+1^2\times\frac{1}{4}+2^2\times\frac{1}{4}=\frac{5}{4}$$

이므로

$$V(X)=E(X^2)-\{E(X)\}^2=\frac{5}{4}-\left(\frac{3}{4}\right)^2=\frac{11}{16}$$

$$\therefore \sigma(X)=\sqrt{V(X)}=\sqrt{\frac{11}{16}}=\frac{\sqrt{11}}{4}$$

답 $\frac{\sqrt{11}}{4}$

238

확률변수 X가 가질 수 있는 값은 1, 2, 3, 4이고, 5장의 카드 중에서 2장의 카드를 뽑는 경우의 수는

$$_5C_2=10$$

(i) $X=1$인 경우

1, 2 또는 1, 3 또는 1, 4 또는 1, 5가 적힌 카드를 뽑는 경우의 수는 4이므로

$$P(X=1)=\frac{4}{10}=\frac{2}{5}$$

(ii) $X=2$인 경우

2, 3 또는 2, 4 또는 2, 5가 적힌 카드를 뽑는 경우의 수는 3이므로

$$P(X=2)=\frac{3}{10}$$

(iii) $X=3$인 경우

3, 4 또는 3, 5가 적힌 카드를 뽑는 경우의 수는 2이므로

$$P(X=3)=\frac{2}{10}=\frac{1}{5}$$

(iv) $X=4$인 경우

4, 5가 적힌 카드를 뽑는 경우의 수는 1이므로

$$P(X=4)=\frac{1}{10}$$

즉, X의 확률분포를 표로 나타내면 다음과 같다.

X	1	2	3	4	합계
$P(X=x)$	$\frac{2}{5}$	$\frac{3}{10}$	$\frac{1}{5}$	$\frac{1}{10}$	1

따라서 확률변수 X에 대하여

$$E(X)=1\times\frac{2}{5}+2\times\frac{3}{10}+3\times\frac{1}{5}+4\times\frac{1}{10}=2$$

$$E(X^2)=1^2\times\frac{2}{5}+2^2\times\frac{3}{10}+3^2\times\frac{1}{5}+4^2\times\frac{1}{10}=5$$

$$\therefore V(X)=E(X^2)-\{E(X)\}^2=5-2^2=1$$

답 1

239

확률의 총합은 1이므로

$$a^2+\frac{1}{4}+\frac{a}{2}+\frac{1}{4}=1,\ 2a^2+a-1=0$$

$$(a+1)(2a-1)=0 \qquad \therefore a=\frac{1}{2}\ (\because a>0)$$

즉, X의 확률분포를 표로 나타내면 다음과 같다.

X	1	2	3	4	합계
$P(X=x)$	$\frac{1}{4}$	$\frac{1}{4}$	$\frac{1}{4}$	$\frac{1}{4}$	1

따라서 확률변수 X에 대하여

$$E(X)=1\times\frac{1}{4}+2\times\frac{1}{4}+3\times\frac{1}{4}+4\times\frac{1}{4}=\frac{5}{2}$$

$$E(X^2)=1^2\times\frac{1}{4}+2^2\times\frac{1}{4}+3^2\times\frac{1}{4}+4^2\times\frac{1}{4}=\frac{15}{2}$$

이므로

$$V(X)=E(X^2)-\{E(X)\}^2=\frac{15}{2}-\left(\frac{5}{2}\right)^2=\frac{5}{4}$$

$$\therefore V(aX+3a)=V\left(\frac{1}{2}X+\frac{3}{2}\right)=\left(\frac{1}{2}\right)^2 V(X)$$

$$=\frac{1}{4}\times\frac{5}{4}=\frac{5}{16}$$

답 ③

240

$E(2X-1)=5$에서 $E(2X-1)=2E(X)-1=5$

$\therefore E(X)=3$

$\sigma(-3X+2)=6$에서 $\sigma(-3X+2)=|-3|\sigma(X)=6$

$\therefore \sigma(X)=2 \qquad \therefore V(X)=4$

$\therefore E(X^2)=V(X)+\{E(X)\}^2=4+3^2=13$

답 ⑤

241

확률변수 X가 가질 수 있는 값은 0, 1, 2이다.

5개의 공이 들어 있는 상자에서 2개의 공을 꺼내는 경우의 수는 $_5C_2$이고,
꺼낸 공 중에서 빨간 공의 개수가 x인 경우의 수는 $_3C_x\times_2C_{2-x}$이므로
X의 확률실량함수는

$$P(X=x)=\frac{_3C_x\times_2C_{2-x}}{_5C_2} \ (단, \ x=0, 1, 2)$$

이때, x의 값에 따라 각각의 확률을 구하면

$$P(X=0)=\frac{_3C_0\times_2C_2}{_5C_2}=\frac{1}{10}$$

$$P(X=1)=\frac{_3C_1\times_2C_1}{_5C_2}=\frac{3}{5}$$

$$P(X=2)=\frac{_3C_2\times_2C_0}{_5C_2}=\frac{3}{10}$$

즉, X의 확률분포를 표로 나타내면 다음과 같다.

X	0	1	2	합계
$P(X=x)$	$\frac{1}{10}$	$\frac{3}{5}$	$\frac{3}{10}$	1

따라서 확률변수 X에 대하여

$$E(X)=0\times\frac{1}{10}+1\times\frac{3}{5}+2\times\frac{3}{10}=\frac{6}{5}$$

$$E(X^2)=0^2\times\frac{1}{10}+1^2\times\frac{3}{5}+2^2\times\frac{3}{10}=\frac{9}{5}$$

$$\therefore V(X)=E(X^2)-\{E(X)\}^2=\frac{9}{5}-\left(\frac{6}{5}\right)^2=\frac{9}{25}$$

즉, $E(Y)=5$에서 $E(aX+b)=5$

$aE(X)+b=5$

$$\therefore \frac{6}{5}a+b=5 \qquad\qquad \cdots\cdots ㉠$$

또한 $\sigma(Y)=\frac{3}{2}$에서 $V(Y)=\frac{9}{4}$

$$V(aX+b)=\frac{9}{4}$$

$$a^2 V(X)=\frac{9}{4}, \ \frac{9}{25}a^2=\frac{9}{4}$$

$$a^2=\frac{25}{4} \qquad \therefore a=\frac{5}{2} \ (\because a>0)$$

$a=\frac{5}{2}$를 ㉠에 대입하면

$$\frac{6}{5}\times\frac{5}{2}+b=5 \qquad \therefore b=2$$

$$\therefore ab=\frac{5}{2}\times 2=5$$

답 5

242

확률변수 X는 이항분포 $B\left(8, \frac{1}{2}\right)$을 따르므로 X의 확률질량함수는

$$P(X=x)=_8C_x\left(\frac{1}{2}\right)^8 \ (단, \ x=0, 1, 2, \cdots, 8)$$

$$\therefore P(X\geq2)=1-P(X=0)-P(X=1)$$

$$=1-_8C_0\left(\frac{1}{2}\right)^8-_8C_1\left(\frac{1}{2}\right)^8$$

$$=1-\left(\frac{1}{2^8}+\frac{8}{2^8}\right)=1-\frac{9}{256}=\frac{247}{256}$$

답 ⑤

243

두 개의 동전을 던져서 두 동전 모두 앞면이 나올 확률은 $\frac{1}{4}$이므로 확률
변수 X는 이항분포 $B\left(4, \frac{1}{4}\right)$을 따른다.

㉮

따라서 X의 확률질량함수는

$$P(X=x)=_4C_x\left(\frac{1}{4}\right)^x\left(\frac{3}{4}\right)^{4-x} \ (단, \ x=0, 1, 2, 3, 4)$$

㉯

$$\therefore P(X\leq1)=P(X=0)+P(X=1)$$

$$=_4C_0\left(\frac{1}{4}\right)^0\left(\frac{3}{4}\right)^4+_4C_1\left(\frac{1}{4}\right)^1\left(\frac{3}{4}\right)^3$$

$$=\left(\frac{3}{4}\right)^4+\frac{4}{4}\times\left(\frac{3}{4}\right)^3$$

$$=\frac{189}{256}$$

㉰

단계	채점 요소	비율
㉮	확률변수 X가 이항분포 $B\left(4, \frac{1}{4}\right)$을 따름을 구하기	20%
㉯	X의 확률질량함수 구하기	40%
㉰	$P(X\leq1)$의 값 구하기	40%

답 $\frac{189}{256}$

244

주어진 확률질량함수에서 확률변수 X는 이항분포 $B\left(6, \frac{3}{4}\right)$을 따른다.

$$\therefore np=6\times\frac{3}{4}=\frac{9}{2}$$

답 $\frac{9}{2}$

245

확률변수 X는 이항분포 $B(n, p)$를 따르고

$E(X)=4$, $V(X)=\dfrac{4}{3}$이므로

$E(X)=np=4$ ······ ㉠

$V(X)=np(1-p)=\dfrac{4}{3}$ ······ ㉡

㉠을 ㉡에 대입하면 $4(1-p)=\dfrac{4}{3}$

$1-p=\dfrac{1}{3}$ $\therefore p=\dfrac{2}{3}$

$p=\dfrac{2}{3}$를 ㉠에 대입하면

$\dfrac{2}{3}n=4$ $\therefore n=6$

따라서 확률변수 X는 이항분포 $B\left(6, \dfrac{2}{3}\right)$를 따르므로 X의 확률질량함수는

$P(X=x)={}_6C_x\left(\dfrac{2}{3}\right)^x\left(\dfrac{1}{3}\right)^{6-x}$ (단, $x=0, 1, 2, \cdots, 6$)

$\therefore P(X=3)={}_6C_3\left(\dfrac{2}{3}\right)^3\left(\dfrac{1}{3}\right)^3=\dfrac{160}{729}$ **답** ②

246

확률변수 X는 이항분포 $B\left(64, \dfrac{1}{4}\right)$을 따르므로

$E(X)=64\times\dfrac{1}{4}=16$, $V(X)=64\times\dfrac{1}{4}\times\dfrac{3}{4}=12$

$\therefore E(X)+V(X)=16+12=28$ **답** ⑤

247

확률변수 X는 이항분포 $B\left(72, \dfrac{1}{3}\right)$을 따르므로

$E(X)=72\times\dfrac{1}{3}=24$, $V(X)=72\times\dfrac{1}{3}\times\dfrac{2}{3}=16$

$E(Y)=16$에서

$E(aX+b)=aE(X)+b=16$

$\therefore 24a+b=16$ ······ ㉠

또한 $V(Y)=4$에서

$V(aX+b)=a^2V(X)=4$

$16a^2=4$ $\therefore a=\dfrac{1}{2}$ $(\because a>0)$

$a=\dfrac{1}{2}$을 ㉠에 대입하면

$24\times\dfrac{1}{2}+b=16$ $\therefore b=4$

$\therefore ab=\dfrac{1}{2}\times4=2$ **답** 2

248

주사위를 n번 던지는 것이므로 n번의 독립시행이고, 주사위를 한 번 던질 때 2의 눈이 나올 확률은 $\dfrac{1}{6}$이므로 확률변수 X는 이항분포 $B\left(n, \dfrac{1}{6}\right)$을 따른다. 즉,

$E(X)=n\times\dfrac{1}{6}=\dfrac{n}{6}$이므로

$E(X)=6$에서 $\dfrac{n}{6}=6$ $\therefore n=36$

따라서 X는 이항분포 $B\left(36, \dfrac{1}{6}\right)$을 따르므로

$V(X)=36\times\dfrac{1}{6}\times\dfrac{5}{6}=5$

한편, $V(X)=E(X^2)-\{E(X)\}^2$이므로

$E(X^2)=V(X)+\{E(X)\}^2=5+6^2=41$ **답** ③

249

한 개의 동전을 한 번 던질 때 앞면이 나올 확률은 $\dfrac{1}{2}$이므로 확률변수 X는 이항분포 $B\left(n, \dfrac{1}{2}\right)$을 따른다. 즉,

$E(X)=n\times\dfrac{1}{2}=\dfrac{n}{2}$이므로

$E(X)=8$에서 $\dfrac{n}{2}=8$ $\therefore n=16$

따라서 X는 이항분포 $B\left(16, \dfrac{1}{2}\right)$을 따르므로

$V(X)=16\times\dfrac{1}{2}\times\dfrac{1}{2}=4$

한편, $V(X)=E(X^2)-\{E(X)\}^2$이므로

$E(X^2)=V(X)+\{E(X)\}^2=4+8^2=68$ **답** ④

250

주사위를 10번 던져서 홀수의 눈이 나오는 횟수를 Y라 하면 짝수의 눈이 나오는 횟수는 $10-Y$이므로

$X=Y-2(10-Y)=3Y-20$ **㉮**

이때, 확률변수 Y는 이항분포 $B\left(10, \dfrac{1}{2}\right)$을 따르므로

$E(Y)=10\times\dfrac{1}{2}=5$ **㉯**

$\therefore E(X)=E(3Y-20)=3E(Y)-20=3\times5-20=-5$ **㉰**

단계	채점 요소	비율
㉮	확률변수 X와 새로운 확률변수 Y 사이의 관계식 구하기	30%
㉯	$E(Y)$의 값 구하기	40%
㉰	$E(X)$의 값 구하기	30%

답 -5

실력 콕콕   본문 p.52~53

251 ②	**252** ①	**253** ②	**254** ④	**255** ①
256 108	**257** ①	**258** ①	**259** ⑤	**260** $\dfrac{5}{4}$ **261** 80
262 584	**263** ②	**264** $\dfrac{1}{4}$	**265** 279	

251

확률의 총합은 1이므로

$\dfrac{3}{7}+\dfrac{2}{7}+a+\dfrac{1}{7}=1$ $\therefore a=\dfrac{1}{7}$

따라서 확률변수 X의 기댓값은

$$\mathrm{E}(X)=1\times\frac{3}{7}+2\times\frac{2}{7}+3\times\frac{1}{7}+4\times\frac{1}{7}=2$$

답 ②

252

확률의 총합은 1이므로

$$\frac{1}{3}+a+b=1$$

$$\therefore a+b=\frac{2}{3} \qquad\qquad \cdots\cdots\,\text{㉠}$$

$\mathrm{E}(X)=1\times\dfrac{1}{3}+2\times a+4\times b=2$에서

$$2a+4b=\frac{5}{3} \qquad\qquad \cdots\cdots\,\text{㉡}$$

㉠, ㉡을 연립하여 풀면

$$a=\frac{1}{2},\ b=\frac{1}{6}$$

이때, $\mathrm{E}(X^2)=1^2\times\dfrac{1}{3}+2^2\times\dfrac{1}{2}+4^2\times\dfrac{1}{6}=5$이므로

$$\mathrm{V}(X)=\mathrm{E}(X^2)-\{\mathrm{E}(X)\}^2=5-2^2=1 \quad \therefore \sigma(X)=1$$

$$\therefore \sigma(6X-1)=|6|\sigma(X)=6\times1=6$$

답 ①

253

$\mathrm{E}(X)=5$이므로 $\mathrm{E}(2X-3)=2\mathrm{E}(X)-3=2\times5-3=7$

$\mathrm{V}(X)=25$에서 $\sigma(X)=5$이므로

$$\sigma(3X+2)=|3|\sigma(X)=3\times5=15$$

$$\therefore \mathrm{E}(2X-3)+\sigma(3X+2)=7+15=22$$

답 ②

254

$$\begin{aligned}
\mathrm{E}(X)&=\mathrm{P}(X=1)+2\mathrm{P}(X=2)+3\mathrm{P}(X=3)\\
&=\left\{\frac{2}{3}\mathrm{P}(Y=1)+\frac{1}{9}\right\}+2\left\{\frac{2}{3}\mathrm{P}(Y=2)+\frac{1}{9}\right\}\\
&\qquad\qquad\qquad\qquad +3\left\{\frac{2}{3}\mathrm{P}(Y=3)+\frac{1}{9}\right\}\\
&=\frac{2}{3}\{\mathrm{P}(Y=1)+2\mathrm{P}(Y=2)+3\mathrm{P}(Y=3)\}+\frac{1}{9}+\frac{2}{9}+\frac{3}{9}\\
&=\frac{2}{3}\mathrm{E}(Y)+\frac{2}{3}=\frac{2}{3}\times3+\frac{2}{3}=\frac{8}{3}
\end{aligned}$$

답 ④

255

확률의 총합은 1이므로

$$4\times c+4\times\frac{3}{4}c+3\times10c^2=1$$

$$30c^2+7c-1=0,\ (10c-1)(3c+1)=0$$

$$\therefore c=\frac{1}{10}\ (\because c>0)$$

$$\mathrm{P}(A)=\mathrm{P}(X\le7)=1-\mathrm{P}(X=8)-\mathrm{P}(X=9)-\mathrm{P}(X=10)$$

$$=1-3\times10\times\frac{1}{100}=\frac{7}{10}$$

이때, $\mathrm{P}(B)=\mathrm{P}(4\le X\le7)$이므로

$$\mathrm{P}(A\cap B)=\mathrm{P}(4\le X\le7)=4\times\frac{3}{4}\times\frac{1}{10}=\frac{3}{10}$$

$$\therefore \mathrm{P}(B|A)=\frac{\mathrm{P}(A\cap B)}{\mathrm{P}(A)}=\frac{\frac{3}{10}}{\frac{7}{10}}=\frac{3}{7}$$

답 ①

256

6개의 점으로 만들 수 있는 삼각형의 개수는

$${}_6\mathrm{C}_3=20$$

이때, 만들 수 있는 삼각형의 넓이는 다음과 같이 3가지가 있다.

(i) 이웃하는 세 점으로 이루어진 넓이가 $\sqrt{3}$인 둔각삼각형

　　 6개

(ii) 마주보는 두 점을 이은 선분을 빗변으로 하는 넓이가 $2\sqrt{3}$인 직각삼각형

　　 12개

(iii) 넓이가 $3\sqrt{3}$인 정삼각형

　　 2개

즉, X의 확률분포를 표로 나타내면 다음과 같다.

X	$\sqrt{3}$	$2\sqrt{3}$	$3\sqrt{3}$	합계
$\mathrm{P}(X=x)$	$\dfrac{3}{10}$	$\dfrac{3}{5}$	$\dfrac{1}{10}$	1

따라서 확률변수 X에 대하여

$$\mathrm{E}(X)=\sqrt{3}\times\frac{3}{10}+2\sqrt{3}\times\frac{3}{5}+3\sqrt{3}\times\frac{1}{10}=\frac{9\sqrt{3}}{5}$$

$$\mathrm{E}(X^2)=(\sqrt{3})^2\times\frac{3}{10}+(2\sqrt{3})^2\times\frac{3}{5}+(3\sqrt{3})^2\times\frac{1}{10}=\frac{54}{5}$$

이므로

$$\mathrm{V}(X)=\frac{54}{5}-\left(\frac{9\sqrt{3}}{5}\right)^2=\frac{27}{25}$$

$$\therefore \mathrm{V}(10X-1)=10^2\mathrm{V}(X)=108$$

보충 설명

(i) 이웃하는 세 점으로 이루어진 둔각삼각형

　　 두 변의 길이가 2이고, 그 끼인각의 크기가

　　 $120°$이므로 삼각형의 넓이는

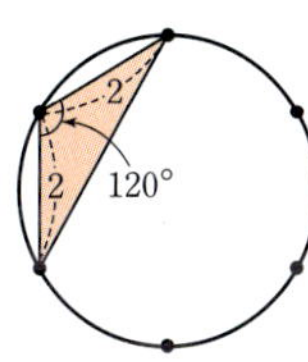

$$\frac{1}{2}\times2^2\times\sin120°=\sqrt{3}$$

(ii) 마주보는 두 점을 이은 선분을 빗변으로 하는

　　 직각삼각형

　　 빗변의 길이가 4이고, 다른 한 변의 길이가 2이

　　 므로 삼각형의 넓이는

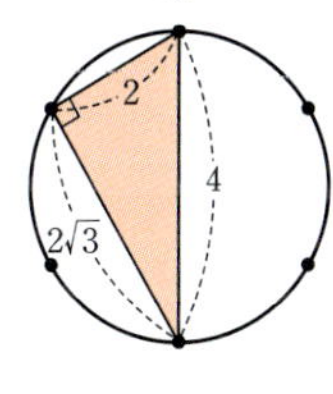

$$\frac{1}{2}\times2\times2\sqrt{3}=2\sqrt{3}$$

(iii) 정삼각형

　　 한 변의 길이가 $2\sqrt{3}$이므로 삼각형의 넓이는

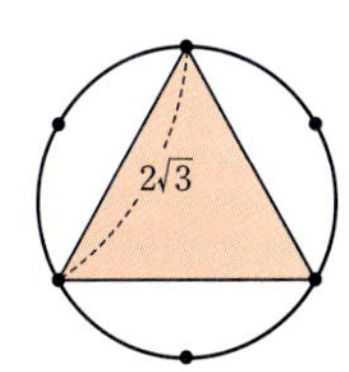

$$\frac{\sqrt{3}}{4}\times(2\sqrt{3})^2=3\sqrt{3}$$

답 108

257

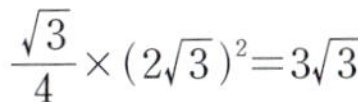

$$\frac{\mathrm{P}(X=2)}{\mathrm{P}(X=4)}=\frac{{}_6\mathrm{C}_2\left(\frac{1}{2}\right)^2\left(\frac{1}{2}\right)^4}{{}_6\mathrm{C}_4\left(\frac{1}{2}\right)^4\left(\frac{1}{2}\right)^2}=1$$

답 ①

258

확률변수 X가 이항분포 $\mathrm{B}\left(36,\dfrac{1}{2}\right)$을 따르므로

$$\mathrm{E}(X)=36\times\frac{1}{2}=18$$

$$\mathrm{V}(X)=36\times\frac{1}{2}\times\frac{1}{2}=9$$

$\sigma(X)=3$

$\therefore \mathrm{E}(X)+\mathrm{V}(X)+\sigma(X)=18+9+3=30$　　　답 ①

259

확률변수 X가 이항분포 $\mathrm{B}\left(400, \dfrac{1}{2}\right)$을 따르므로

$\mathrm{E}(X)=400\times\dfrac{1}{2}=200$

$\mathrm{V}(X)=400\times\dfrac{1}{2}\times\dfrac{1}{2}=100$

$\mathrm{E}(aX-b)=a\mathrm{E}(X)-b=200a-b$

$\therefore 200a-b=796$　　　……㉠

$\mathrm{V}(aX-b)=a^2\mathrm{V}(X)=100a^2$

$\therefore 100a^2=1600$

$a^2=16$에서 $a=4$ ($\because a>0$)

$a=4$를 ㉠에 대입하면

$200\times4-b=796$

$\therefore b=4$

$\therefore ab=4\times4=16$　　　답 ⑤

260

확률변수 X는 이항분포 $\mathrm{B}\left(5, \dfrac{1}{2}\right)$을 따르므로

$\mathrm{E}(X)=5\times\dfrac{1}{2}=\dfrac{5}{2}$

$\mathrm{V}(X)=5\times\dfrac{1}{2}\times\dfrac{1}{2}=\dfrac{5}{4}$

한편, $\mathrm{V}(X)=\mathrm{E}(X^2)-\{\mathrm{E}(X)\}^2$이므로

$\dfrac{5}{4}=\mathrm{E}(X^2)-\left(\dfrac{5}{2}\right)^2$

$\therefore \mathrm{E}(X^2)=\dfrac{15}{2}$

이때, $(X-a)^2$의 기댓값은

$\begin{aligned}\mathrm{E}((X-a)^2)&=\mathrm{E}(X^2-2aX+a^2)\\&=\mathrm{E}(X^2)-2a\mathrm{E}(X)+a^2\\&=\dfrac{15}{2}-2a\times\dfrac{5}{2}+a^2\\&=\left(a-\dfrac{5}{2}\right)^2+\dfrac{5}{4}\geq\dfrac{5}{4}\end{aligned}$

따라서 $(X-a)^2$의 기댓값의 최솟값은 $\dfrac{5}{4}$이다.

보충 설명

$\mathrm{E}((X-a)^2)$은 a가 X의 평균, 즉 $a=\dfrac{5}{2}$일 때 최솟값을 갖고 그 최솟값은 X의 분산이다.

따라서 $\mathrm{E}((X-a)^2)\geq\mathrm{E}((X-m)^2)=\mathrm{V}(X)=\dfrac{5}{4}$

답 $\dfrac{5}{4}$

261

주사위를 던져서 1, 2, 3, 4의 눈이 나오는 사건을 A라 하면

$\mathrm{P}(A)=\dfrac{4}{6}=\dfrac{2}{3}$

주사위를 20번 던질 때 점 P의 x좌표가 확률변수 X, 점 P의 y좌표가 확률변수 Y이므로 $Y=20-X$이다.

주사위를 20번 던져서 사건 A가 일어나는 횟수가 확률변수 X이고, X는 이항분포 $\mathrm{B}\left(20, \dfrac{2}{3}\right)$를 따르므로

$\mathrm{E}(X)=20\times\dfrac{2}{3}=\dfrac{40}{3}$

$\mathrm{V}(X)=20\times\dfrac{2}{3}\times\dfrac{1}{3}=\dfrac{40}{9}$

이때,

$\mathrm{E}(3X)=3\mathrm{E}(X)=40$

$\begin{aligned}\mathrm{V}(3Y-5)&=3^2\mathrm{V}(Y)=9\mathrm{V}(20-X)\\&=9\times(-1)^2\mathrm{V}(X)=40\end{aligned}$

$\therefore \mathrm{E}(3X)+\mathrm{V}(3Y-5)=40+40=80$　　　답 80

262

서로 다른 두 개의 주사위를 동시에 던져서 나오는 경우의 수는

$6\times6=36$

이때, 두 눈의 수를 각각 a, b라 하고 순서쌍 (a, b)로 나타내면

(i) 두 눈의 수의 차가 0인 경우의 수는

　$(1, 1), (2, 2), (3, 3), (4, 4), (5, 5), (6, 6)$

　의 6이므로 구하는 확률은

　$\dfrac{6}{36}=\dfrac{1}{6}$

(ii) 두 눈의 수의 차가 1인 경우의 수는

　$(1, 2), (2, 3), (3, 4), (4, 5), (5, 6),$

　$(2, 1), (3, 2), (4, 3), (5, 4), (6, 5)$

　의 10이므로 구하는 확률은

　$\dfrac{10}{36}=\dfrac{5}{18}$

(iii) 두 눈의 수의 차가 2인 경우의 수는

　$(1, 3), (2, 4), (3, 5), (4, 6), (3, 1), (4, 2), (5, 3), (6, 4)$

　의 8이므로 구하는 확률은

　$\dfrac{8}{36}=\dfrac{2}{9}$

(i)~(iii)에서 사건 A가 일어날 확률은

$\dfrac{1}{6}+\dfrac{5}{18}+\dfrac{2}{9}=\dfrac{12}{18}=\dfrac{2}{3}$

따라서 확률변수 X는 이항분포 $\mathrm{B}\left(36, \dfrac{2}{3}\right)$를 따르므로

$\mathrm{E}(X)=36\times\dfrac{2}{3}=24$

$\mathrm{V}(X)=36\times\dfrac{2}{3}\times\dfrac{1}{3}=8$

$\begin{aligned}\therefore \sum_{x=0}^{36} x^2\mathrm{P}(X=x)&=\mathrm{E}(X^2)=\mathrm{V}(X)+\{\mathrm{E}(X)\}^2\\&=8+24^2=584\end{aligned}$

보충 설명

이산확률변수 X의 확률질량함수가 $\mathrm{P}(X=x_i)=p_i\,(i=1, 2, 3, \cdots, n)$일 때

(1) $\mathrm{E}(X)=\displaystyle\sum_{i=1}^{n} x_i p_i$

(2) $\begin{aligned}\mathrm{V}(X)&=\mathrm{E}((X-m)^2)=\sum_{i=1}^{n}(x_i-m)^2 p_i\\&=\sum_{i=1}^{n} x_i^2 p_i-m^2=\mathrm{E}(X^2)-\{\mathrm{E}(X)\}^2\end{aligned}$

답 584

263

집합 A의 모든 부분집합의 개수는 $\boxed{2^n}$ 이고, 원소의 개수가 $r\,(0\le r\le n)$ 인 부분집합의 개수는 서로 다른 n개에서 r개를 택하는 조합의 수와 같으므로 $_n\mathrm{C}_r$이다.

따라서 $\mathrm{P}(X=r)=\dfrac{_n\mathrm{C}_r}{\boxed{2^n}}$ 이고

$$r\times{_n\mathrm{C}_r}=r\times\frac{n!}{(n-r)!\,r!}=\frac{n!}{(n-r)!\,(r-1)!}$$
$$=\frac{n(n-1)!}{(n-r)!\,(r-1)!}=n\times{\boxed{_{n-1}\mathrm{C}_{r-1}}}$$

을 이용하면

$\mathrm{E}(X)=\sum\limits_{r=0}^{n}r\mathrm{P}(X=r)$ 에서

$r=0$일 때 $r\mathrm{P}(X=r)=0$이므로

$$\mathrm{E}(X)=\sum_{r=1}^{n}r\mathrm{P}(X=r)$$
$$=\sum_{r=1}^{n}\left(r\times\frac{1}{2^n}\times{_n\mathrm{C}_r}\right)$$
$$=\frac{1}{2^n}\times\sum_{r=1}^{n}(r\times{_n\mathrm{C}_r})$$
$$=\frac{1}{\boxed{2^n}}\times\sum_{r=\boxed{1}}^{n}(n\times{\boxed{_{n-1}\mathrm{C}_{r-1}}})$$
$$=\frac{1}{2^n}\times n\times\sum_{r=1}^{n}{_{n-1}\mathrm{C}_{r-1}}$$
$$=\frac{1}{2^n}\times n\times 2^{n-1}=\boxed{\frac{n}{2}}$$

보충 설명

$_n\mathrm{C}_0+{_n\mathrm{C}_1}+{_n\mathrm{C}_2}+\cdots+{_n\mathrm{C}_n}=2^n$에서

$_{n-1}\mathrm{C}_0+{_{n-1}\mathrm{C}_1}+{_{n-1}\mathrm{C}_2}+\cdots+{_{n-1}\mathrm{C}_{n-1}}=2^{n-1}$

답 ②

264

$$\mathrm{P}(0\le X\le 2)=\mathrm{P}(X=0)+\mathrm{P}(X=1)+\mathrm{P}(X=2)$$
$$=\frac{1}{8}+\frac{3+a}{8}+\frac{1}{8}=\frac{5+a}{8}$$

$\dfrac{5+a}{8}=\dfrac{3}{4}$이므로 $5+a=6$

$\therefore a=1$

⟶ **가**

$\therefore \mathrm{P}(X=-1)=\dfrac{3-1}{8}=\dfrac{1}{4}$

⟶ **나**

단계	채점 요소	비율
가	a의 값 구하기	60%
나	$\mathrm{P}(X=-1)$의 값 구하기	40%

답 $\dfrac{1}{4}$

265

확률변수 X가 이항분포 $\mathrm{B}\!\left(16,\dfrac{1}{4}\right)$을 따른다고 하면

$$A=\sum_{r=0}^{16}r\times{_{16}\mathrm{C}_r}\left(\frac{1}{4}\right)^{r}\left(\frac{3}{4}\right)^{16-r}$$
$$=\mathrm{E}(X)=16\times\frac{1}{4}=4$$

또한 $\mathrm{V}(X)=16\times\dfrac{1}{4}\times\dfrac{3}{4}=3$이므로

$$B=\sum_{r=0}^{16}r^2\times{_{16}\mathrm{C}_r}\left(\frac{1}{4}\right)^{r}\left(\frac{3}{4}\right)^{16-r}$$
$$=\mathrm{E}(X^2)=\mathrm{V}(X)+\{\mathrm{E}(X)\}^2$$
$$=3+4^2=19$$

⟶ **가**

$$C=\sum_{r=0}^{8}2^r\times{_8\mathrm{C}_r}\left(\frac{1}{4}\right)^{r}\left(\frac{3}{2}\right)^{8-r}$$
$$=\sum_{r=0}^{8}{_8\mathrm{C}_r}\left(\frac{1}{2}\right)^{r}\left(\frac{3}{2}\right)^{8-r}$$
$$=\left(\frac{1}{2}+\frac{3}{2}\right)^{8}=2^8=256$$

⟶ **나**

$\therefore A+B+C=4+19+256=279$

⟶ **다**

단계	채점 요소	비율
가	A, B의 값 각각 구하기	60%
나	C의 값 구하기	30%
다	$A+B+C$의 값 구하기	10%

답 279

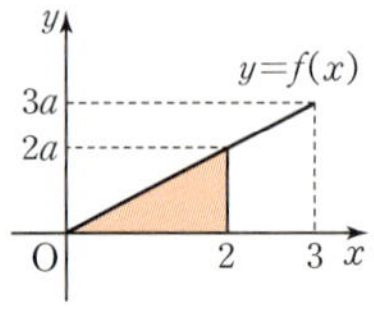

III. 통계

06 연속확률분포

본문 p.55

266

④ 이투스북 교재들의 페이지 수는 유한개이면서 셀 수 있으므로 이산확률변수이다.

답 ④

267

(1) 오른쪽 그림과 같이 함수 $y=f(x)$의 그래프와 x축 및 직선 $x=3$으로 둘러싸인 삼각형의 넓이가 1이므로

$$\frac{1}{2}\times 3\times 3a=1 \quad \therefore a=\frac{2}{9}$$

(2) $P(0\leq X\leq 2)$는 위의 그림의 색칠한 삼각형의 넓이와 같으므로

$$P(0\leq X\leq 2)=\frac{1}{2}\times 2\times \frac{4}{9}=\frac{4}{9}$$

답 (1) $\frac{2}{9}$ (2) $\frac{4}{9}$

268

④ 표준편차 σ의 값이 클수록 가운데 부분의 높이는 낮아진다.

답 ④

269

확률변수 X가 정규분포 $N(60,\ 10^2)$을 따르므로

(1) $E(X)=60$

(2) $\sigma(X)=10$

(3) $E(Y)=E(2X-30)=2E(X)-30=2\times 60-30=90$

(4) $V(Y)=V(2X-30)=2^2 V(X)=4\times 10^2=400$

답 (1) 60 (2) 10 (3) 90 (4) 400

270

확률변수 X의 확률밀도함수의 그래프는 직선 $x=m$에 대하여 대칭이므로 다음 그림과 같다.

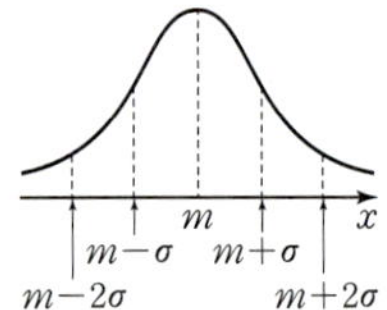

(1) $P(X\geq m-\sigma)=P(m-\sigma\leq X\leq m)+P(X\geq m)$
$\qquad =P(m\leq X\leq m+\sigma)+0.5$
$\qquad =a+0.5$

(2) $P(m-2\sigma\leq X\leq m+2\sigma)$
$\qquad =P(m-2\sigma\leq X\leq m)+P(m\leq X\leq m+2\sigma)$
$\qquad =P(m\leq X\leq m+2\sigma)+b$
$\qquad =2b$

(3) $P(X\geq m+2\sigma)=P(X\geq m)-P(m\leq X\leq m+2\sigma)$
$\qquad =0.5-b$

답 (1) $a+0.5$ (2) $2b$ (3) $0.5-b$

271

(1) $P(Z\geq 0)=0.5$

(2) $P(0\leq Z\leq 2)=0.4772$

(3) $P(-2\leq Z\leq 2)=P(-2\leq Z\leq 0)+P(0\leq Z\leq 2)$
$\qquad =P(0\leq Z\leq 2)+P(0\leq Z\leq 2)$
$\qquad =2\times 0.4772=0.9544$

(4) $P(1\leq Z\leq 2)=P(0\leq Z\leq 2)-P(0\leq Z\leq 1)$
$\qquad =0.4772-0.3413=0.1359$

(5) $P(-1.5\leq Z\leq 3)=P(-1.5\leq Z\leq 0)+P(0\leq Z\leq 3)$
$\qquad =P(0\leq Z\leq 1.5)+P(0\leq Z\leq 3)$
$\qquad =0.4332+0.4987=0.9319$

(6) $P(Z\geq -1)=P(Z\geq 0)+P(-1\leq Z\leq 0)$
$\qquad =P(Z\geq 0)+P(0\leq Z\leq 1)$
$\qquad =0.5+0.3413=0.8413$

답 (1) 0.5 (2) 0.4772 (3) 0.9544 (4) 0.1359 (5) 0.9319 (6) 0.8413

272

(1) $P(12\leq X\leq 20)=P\left(\frac{12-12}{4}\leq Z\leq \frac{20-12}{4}\right)$
$\qquad =P(0\leq Z\leq 2)$
$\qquad =0.4772$

(2) $P(8\leq X\leq 16)=P\left(\frac{8-12}{4}\leq Z\leq \frac{16-12}{4}\right)$
$\qquad =P(-1\leq Z\leq 1)$
$\qquad =P(-1\leq Z\leq 0)+P(0\leq Z\leq 1)$
$\qquad =2\times 0.3413=0.6826$

(3) $P(X\leq 8)=P\left(Z\leq \frac{8-12}{4}\right)$
$\qquad =P(Z\leq -1)$
$\qquad =P(Z\leq 0)-P(-1\leq Z\leq 0)$
$\qquad =0.5-P(0\leq Z\leq 1)$
$\qquad =0.5-0.3413=0.1587$

(4) $P(16\leq X\leq 20)=P\left(\frac{16-12}{4}\leq Z\leq \frac{20-12}{4}\right)$
$\qquad =P(1\leq Z\leq 2)$
$\qquad =P(0\leq Z\leq 2)-P(0\leq Z\leq 1)$
$\qquad =0.4772-0.3413=0.1359$

답 (1) 0.4772 (2) 0.6826 (3) 0.1587 (4) 0.1359

273

$E(X)=100\times \frac{1}{5}=20,\ \sigma(X)=\sqrt{100\times \frac{1}{5}\times \frac{4}{5}}=4$이므로

확률변수 X는 정규분포 $N(20,\ 4^2)$을 따른다.

(1) $P(16\leq X\leq 20)=P\left(\frac{16-20}{4}\leq Z\leq \frac{20-20}{4}\right)$
$\qquad =P(-1\leq Z\leq 0)$
$\qquad =P(0\leq Z\leq 1)$
$\qquad =0.3413$

(2) $P(16\leq X\leq 28)=P\left(\frac{16-20}{4}\leq Z\leq \frac{28-20}{4}\right)$
$\qquad =P(-1\leq Z\leq 2)$
$\qquad =P(-1\leq Z\leq 0)+P(0\leq Z\leq 2)$
$\qquad =P(0\leq Z\leq 1)+0.4772$
$\qquad =0.3413+0.4772=0.8185$

$(3)\ \mathrm{P}(X\geq14)=\mathrm{P}\left(Z\geq\dfrac{14-20}{4}\right)$

$=\mathrm{P}(Z\geq-1.5)$

$=\mathrm{P}(Z\geq0)+\mathrm{P}(-1.5\leq Z\leq0)$

$=0.5+\mathrm{P}(0\leq Z\leq1.5)$

$=0.5+0.4332=0.9332$

$(4)\ \mathrm{P}(X\geq28)=\mathrm{P}\left(Z\geq\dfrac{28-20}{4}\right)$

$=\mathrm{P}(Z\geq2)$

$=\mathrm{P}(Z\geq0)-\mathrm{P}(0\leq Z\leq2)$

$=0.5-0.4772=0.0228$

답 (1) 0.3413 (2) 0.8185 (3) 0.9332 (4) 0.0228

유형 콕콕   본문 p.56~59

274 8	**275** ②	**276** ㄴ, ㄷ	**277** ③	**278** $\dfrac{8}{9}$	**279** 1
280 ⑤	**281** 36	**282** 14	**283** ①	**284** 0.1587	
285 2	**286** ①	**287** ②	**288** 5	**289** ①	**290** ③
291 0.4772		**292** ④	**293** ③	**294** 278.4점	
295 0.9332		**296** 0.8185		**297** 0.0228	

274

오른쪽 그림과 같이 함수 $y=f(x)$의 그래프와
x축으로 둘러싸인 삼각형의 넓이가 1이므로

$\dfrac{1}{2}\times a\times\dfrac{2}{5}=1\qquad\therefore\ a=5$

이때, $\mathrm{P}(0\leq X\leq b)$는 위의 그림의 색칠한 삼각
형의 넓이와 같으므로

$\dfrac{1}{2}\times b\times\dfrac{2}{5}=\dfrac{3}{5}\qquad\therefore\ b=3$

$\therefore\ a+b=5+3=8$

답 8

275

오른쪽 그림과 같이 함수 $y=f(x)$의 그래프와 x축
및 직선 $x=4$로 둘러싸인 도형의 넓이가 1이므로

$\dfrac{1}{2}\times4\times4k=1\qquad\therefore\ k=\dfrac{1}{8}$

이때, $\mathrm{P}(0\leq X\leq2)$는 위의 그림의 색칠한 삼각
형의 넓이와 같고 $f(2)=\dfrac{1}{8}\times2=\dfrac{1}{4}$이므로

$\mathrm{P}(0\leq X\leq2)=\dfrac{1}{2}\times2\times\dfrac{1}{4}=\dfrac{1}{4}$

답 ②

276

ㄱ. $0\leq x\leq2$에서 항상 $f(x)\geq0$인 것은 아니므로 주어진 그래프는 확률
밀도함수의 그래프가 아니다.

ㄴ. $f(x)\geq0$이고 함수 $y=f(x)$의 그래프와 x축으로 둘러싸인 도형의 넓
이는

$2\times\dfrac{1}{2}\times1\times1=1$

즉, 주어진 그래프는 확률밀도함수의 그래프이다.

ㄷ. $f(x)\geq0$이고 함수 $y=f(x)$의 그래프와 x축 및 y축으로 둘러싸인 도
형의 넓이는

$\dfrac{1}{2}\times\left(\dfrac{1}{2}+\dfrac{3}{2}\right)\times1=1$

즉, 주어진 그래프는 확률밀도함수의 그래프이다.

ㄹ. $f(x)\geq0$이고 함수 $y=f(x)$의 그래프와 x축으로 둘러싸인 도형의 넓
이는

$\dfrac{1}{2}\times\pi\times1^2=\dfrac{1}{2}\pi$

즉, 주어진 그래프는 확률밀도함수의 그래프가 아니다.

따라서 확률밀도함수의 그래프가 될 수 있는 것은 ㄴ, ㄷ이다.

답 ㄴ, ㄷ

277

오른쪽 그림과 같이 함수 $f(x)=a|x|$의 그
래프와 x축 및 두 직선 $x=-2$, $x=2$로 둘
러싸인 도형의 넓이가 1이므로

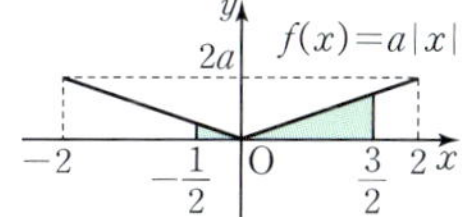

$2\times\dfrac{1}{2}\times2\times2a=1,\ 4a=1$

$\therefore\ a=\dfrac{1}{4}$

이때, $\mathrm{P}\left(-\dfrac{1}{2}\leq X\leq\dfrac{3}{2}\right)$은 위의 그림의 색칠한 부분의 넓이와 같고

$f\left(-\dfrac{1}{2}\right)=\dfrac{1}{8},\ f\left(\dfrac{3}{2}\right)=\dfrac{3}{8}$이므로

$\mathrm{P}\left(-\dfrac{1}{2}\leq X\leq\dfrac{3}{2}\right)$

$=\dfrac{1}{2}\times\dfrac{1}{2}\times\dfrac{1}{8}+\dfrac{1}{2}\times\dfrac{3}{2}\times\dfrac{3}{8}=\dfrac{5}{16}$

답 ③

278

오른쪽 그림과 같이 함수 $f(x)=ax$의 그래프와
x축 및 직선 $x=3$으로 둘러싼 도형의 넓이가
1이므로

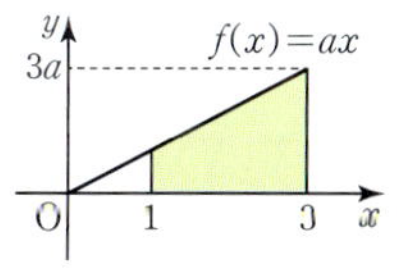

$\dfrac{1}{2}\times3\times3a=1,\ \dfrac{9}{2}a=1\qquad\therefore\ a=\dfrac{2}{9}$

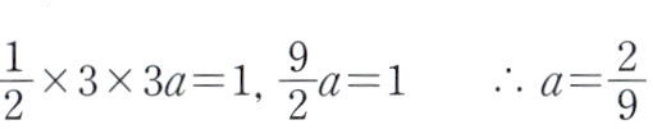

이때, $\mathrm{P}(1\leq X\leq3)$은 위의 그림의 색칠한 삼각형의 넓이와 같고
$f(1)=\dfrac{2}{9},\ f(3)=\dfrac{2}{3}$이므로

$\mathrm{P}(1\leq X\leq3)=\dfrac{1}{2}\times2\times\left(\dfrac{2}{9}+\dfrac{2}{3}\right)=\dfrac{8}{9}$

단계	채점 요소	비율
㉮	a의 값 구하기	50%
㉯	$\mathrm{P}(1\leq X\leq3)$의 값 구하기	50%

답 $\dfrac{8}{9}$

279

$\mathrm{P}(0\leq X\leq k)$는 오른쪽 그림의 색칠
한 삼각형의 넓이와 같고

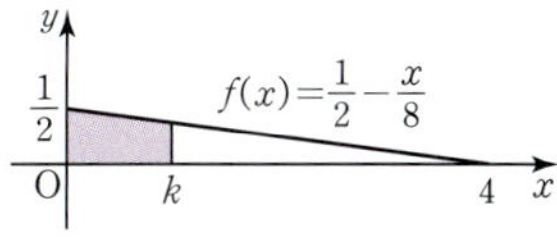

$f(0)=\dfrac{1}{2},\ f(k)=\dfrac{1}{2}-\dfrac{k}{8}$이므로

$P(0 \leq X \leq k)$

$= \dfrac{1}{2} \times k \times \left(\dfrac{1}{2} + \dfrac{1}{2} - \dfrac{k}{8} \right) = \dfrac{7}{16}$

$k^2 - 8k + 7 = 0$, $(k-1)(k-7) = 0$

$\therefore k = 1$ $(\because 0 < k < 4)$ **답** 1

280

평균이 m인 정규분포를 따르는 정규분포곡선은 직선 $x = m$에 대하여 대칭인 종 모양이므로 평균이 가장 큰 학급은 C이다.

또한 정규분포에서 표준편차가 클수록 곡선의 가운데 부분의 높이는 낮아지고 옆으로 퍼진 모양이므로 표준편차가 가장 큰 학급은 D이다.

답 ⑤

281

확률변수 X의 평균이 35이므로 X의 확률밀도함수는 $x = 35$에서 최댓값을 가지고, 정규분포곡선은 직선 $x = 35$에 대하여 대칭이다.

따라서 오른쪽 그림과 같이

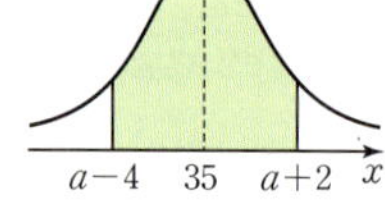

$P(a-4 \leq X \leq a+2)$가 최대가 되려면

$\dfrac{a-4+(a+2)}{2} = 35$

$2a - 2 = 70$, $2a = 72$

$\therefore a = 36$ **답** 36

282

정규분포곡선은 직선 $x = m$에 대하여 대칭이므로

$P(X \leq 0) = P(X \geq 16)$에서

$m = \dfrac{0+16}{2} = 8$ **㉮**

$V\left(\dfrac{1}{6}X + 8 \right) = \left(\dfrac{1}{6} \right)^2 V(X)$이므로

$\left(\dfrac{1}{6} \right)^2 V(X) = 1$ $\therefore V(X) = 36$

$\therefore \sigma = \sqrt{V(X)} = \sqrt{36} = 6$ **㉯**

$\therefore m + \sigma = 8 + 6 = 14$ **㉰**

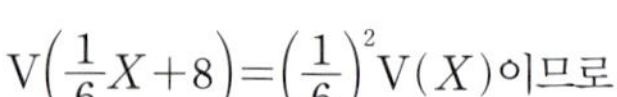

단계	채점 요소	비율
㉮	m의 값 구하기	45%
㉯	σ의 값 구하기	45%
㉰	$m+\sigma$의 값 구하기	10%

답 14

283

$P(X \leq k) = 0.0228$에서

$P(X \leq m) - P(k \leq X \leq m) = 0.5 - P(k \leq X \leq m)$

$= 0.0228$

$\therefore P(k \leq X \leq m) = 0.4772$

이때, $P(m \leq X \leq m + 2\sigma) = 0.4772$이므로

$P(m - 2\sigma \leq X \leq m) = 0.4772$

$\therefore k = m - 2\sigma = 39 - 2 \times 3 = 33$ **답** ①

284

$P(X \geq 33) = P(X \geq 30 + 3)$

$= P(X \geq m + \sigma)$

$= 0.5 - P(m \leq X \leq m + \sigma)$

$= 0.5 - 0.3413 = 0.1587$ **답** 0.1587

285

확률변수 X가 정규분포 $N(m, \sigma^2)$을 따르므로 정규분포 $N(m, \sigma^2)$의 확률밀도함수의 그래프를 표로 정리하면 오른쪽과 같다.

x	$P(m \leq X \leq x)$
$m+\sigma$	0.3413
$m+2\sigma$	0.4772
$m+3\sigma$	0.4987

$P(X \leq m + k\sigma) = 0.9772$

에서

$P(X \leq m) + P(m \leq X \leq m + k\sigma) = 0.5 + P(m \leq X \leq m + k\sigma)$

$= 0.9772$

$\therefore P(m \leq X \leq m + k\sigma) = 0.4772$

$\therefore k = 2$ **답** 2

286

두 확률변수 X, Y가 각각 정규분포 $N(12, 2^2)$, $N(20, 4^2)$을 따르므로

$Z_X = \dfrac{X-12}{2}$, $Z_Y = \dfrac{Y-20}{4}$으로 놓으면 Z_X, Z_Y는 모두 표준정규분포 $N(0, 1)$을 따른다.

$P(10 \leq X \leq 16) = P(k \leq Y \leq 24)$에서

$P\left(\dfrac{10-12}{2} \leq Z_X \leq \dfrac{16-12}{2} \right) = P\left(\dfrac{k-20}{4} \leq Z_Y \leq \dfrac{24-20}{4} \right)$

이고

$P(-1 \leq Z_X \leq 2) = P(-1 \leq Z_X \leq 0) + P(0 \leq Z_X \leq 2)$

$= P(0 \leq Z_X \leq 1) + P(0 \leq Z_X \leq 2)$

$P\left(\dfrac{k-20}{4} \leq Z_Y \leq 1 \right) = P\left(\dfrac{k-20}{4} \leq Z_Y \leq 0 \right) + P(0 \leq Z_Y \leq 1)$

$= P\left(0 \leq Z_Y \leq -\dfrac{k-20}{4} \right) + P(0 \leq Z_Y \leq 1)$

따라서 $-\dfrac{k-20}{4} = 2$이므로

$k - 20 = -8$ $\therefore k = 12$ **답** ①

287

$Z = \dfrac{X-50}{10}$으로 놓으면 Z는 표준정규분포 $N(0, 1)$을 따르므로

$P(X \geq 55) = P\left(Z \geq \dfrac{55-50}{10} \right)$

$= P(Z \geq 0.5)$

$= P(Z \geq 0) - P(0 \leq Z \leq 0.5)$

$= 0.5 - 0.1915$

$= 0.3085$ **답** ②

288

두 확률변수 X, Y가 각각 정규분포 $N(5, 2^2)$, $N(m, 3^2)$을 따르므로

$Z_X = \dfrac{X-5}{2}$, $Z_Y = \dfrac{Y-m}{3}$으로 놓으면 Z_X, Z_Y는 모두 표준정규분포 $N(0, 1)$을 따른다.

$P(1 \leq X \leq 9) = 2P(m \leq Y \leq 2m+1)$에서

$P\left(\dfrac{1-5}{2} \leq Z_X \leq \dfrac{9-5}{2} \right) = 2P\left(\dfrac{m-m}{3} \leq Z_Y \leq \dfrac{(2m+1)-m}{3} \right)$

$$P(-2\leq Z_X\leq 2)=2P\left(0\leq Z_Y\leq\frac{m+1}{3}\right)$$

$$2P(0\leq Z_X\leq 2)=2P\left(0\leq Z_Y\leq\frac{m+1}{3}\right)$$

따라서 $2=\dfrac{m+1}{3}$ 이므로

$$m=5 \hspace{2cm} \text{답 } 5$$

289

$E(X)=45$, $\sigma(X)=10$ 에서

$$E(Y)=E(2X-10)=2E(X)-10=2\times 45-10=80$$

$$\sigma(Y)=\sigma(2X-10)=|2|\sigma(X)=2\times 10=20$$

이때, X가 정규분포 $N(45,\,10^2)$을 따르므로 Y는 정규분포 $N(80,\,20^2)$을 따른다.

$Z=\dfrac{Y-80}{20}$ 으로 놓으면 Z는 표준정규분포 $N(0,\,1)$을 따르므로

$$\begin{aligned}
P(Y\leq 40)&=P\left(Z\leq\frac{40-80}{20}\right)\\
&=P(Z\leq -2)=P(Z\geq 2)\\
&=P(Z\geq 0)-P(0\leq Z\leq 2)\\
&=0.5-0.4772\\
&=0.0228 \hspace{1cm} \text{답 ①}
\end{aligned}$$

290

$Z=\dfrac{X-30}{6}$ 으로 놓으면 Z는 표준정규분포 $N(0,\,1)$을 따르므로

$$\begin{aligned}
P(27\leq X\leq 39)&=P\left(\frac{27-30}{6}\leq Z\leq\frac{39-30}{6}\right)\\
&=P(-0.5\leq Z\leq 1.5)\\
&=P(-0.5\leq Z\leq 0)+P(0\leq Z\leq 1.5)\\
&=P(0\leq Z\leq 0.5)+P(0\leq Z\leq 1.5)\\
&=0.1915+0.4332\\
&=0.6247 \hspace{1cm} \text{답 ③}
\end{aligned}$$

291

사과 한 개의 무게를 확률변수 X라 하면 X는 정규분포 $N(300,\,10^2)$을 따른다.

사과 한 상자의 무게를 확률변수 Y라 하면

$$E(Y)=E(6X)=6E(X)=6\times 300=1800$$

$$\sigma(Y)=\sigma(6X)=6\sigma(X)=6\times 10=60$$

이므로 Y는 정규분포 $N(1800,\,60^2)$을 따른다. ………… 가

따라서 $Z=\dfrac{Y-1800}{60}$ 으로 놓으면 Z는 표준정규분포 $N(0,\,1)$을 따르므로 구하는 확률은

$$\begin{aligned}
P(1800\leq Y\leq 1920)&=P\left(\frac{1800-1800}{60}\leq Z\leq\frac{1920-1800}{60}\right)\\
&=P(0\leq Z\leq 2)\\
&=0.4772
\end{aligned}$$

………… 나

단계	채점 요소	비율
가	사과 6개를 한 상자에 넣을 때, 한 상자의 무게가 따르는 정규분포 구하기	50%
나	확률 구하기	50%

$$\text{답 } 0.4772$$

292

$Z=\dfrac{X-m}{4}$ 으로 놓으면 Z는 표준정규분포 $N(0,\,1)$을 따르므로

$P(X\geq 80)=0.0668$ 에서

$$P\left(Z\geq\frac{80-m}{4}\right)=0.0668$$

$$P(Z\geq 0)-P\left(0\leq Z\leq\frac{80-m}{4}\right)=0.0668$$

$$0.5-P\left(0\leq Z\leq\frac{80-m}{4}\right)=0.0668$$

$$\therefore P\left(0\leq Z\leq\frac{80-m}{4}\right)=0.4332$$

이때, $P(0\leq Z\leq 1.5)=0.4332$ 이므로

$$\frac{80-m}{4}=1.5,\ 80-m=6$$

$$\therefore m=74 \hspace{2cm} \text{답 ④}$$

293

$Z=\dfrac{X-48}{6}$ 로 놓으면 Z는 표준정규분포 $N(0,\,1)$을 따르므로

$P(39\leq X\leq a)=0.9104$ 에서

$$\begin{aligned}
P&\left(\frac{39-48}{6}\leq Z\leq\frac{a-48}{6}\right)\\
&=P\left(-1.5\leq Z\leq\frac{a-48}{6}\right)\\
&=P(-1.5\leq Z\leq 0)+P\left(0\leq Z\leq\frac{a-48}{6}\right)\\
&=P(0\leq Z\leq 1.5)+P\left(0\leq Z\leq\frac{a-48}{6}\right)\\
&=0.4332+P\left(0\leq Z\leq\frac{a-48}{6}\right)=0.9104
\end{aligned}$$

$$\therefore P\left(0\leq Z\leq\frac{a-48}{6}\right)=0.4772$$

이때, $P(0\leq Z\leq 2)=0.4772$ 이므로

$$\frac{a-48}{6}=2,\ a-48=12$$

$$\therefore a=60 \hspace{2cm} \text{답 ③}$$

294

지원자의 시험 성적을 확률변수 X라 하면 X는 정규분포 $N(200,\,40^2)$을 따르므로 $Z=\dfrac{X-200}{40}$ 으로 놓으면 Z는 표준정규분포 $N(0,\,1)$을 따른다.

이때, 전체 지원자 2000명에 대하여 합격자 50명이 차지하는 비율은

$$\frac{50}{2000}=0.025$$

즉, 합격하기 위한 최저 점수를 a점이라 하면 $P(X\geq a)=0.025$이다.

$$\begin{aligned}
P(X\geq a)&=P\left(Z\geq\frac{a-200}{40}\right)\\
&=0.5-P\left(0\leq Z\leq\frac{a-200}{40}\right)=0.025
\end{aligned}$$

$$\therefore P\left(0\leq Z\leq\frac{a-200}{40}\right)=0.475$$

이때, $P(0\leq Z\leq 1.96)=0.475$ 이므로

$$\frac{a-200}{40}=1.96 \qquad \therefore a=278.4$$

따라서 이 시험에 합격하기 위한 최저 점수는 278.4점이다.

$$\text{답 } 278.4\text{점}$$

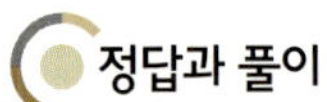

295

확률변수 X는 이항분포 $B\left(600, \dfrac{2}{5}\right)$를 따르므로

$$E(X)=600\times\dfrac{2}{5}=240,\ V(X)=600\times\dfrac{2}{5}\times\dfrac{3}{5}=144$$

이때, 600은 충분히 큰 수이므로 X는 근사적으로 정규분포 $N(240,\ 12^2)$을 따른다.

따라서 $Z=\dfrac{X-240}{12}$으로 놓으면 Z는 표준정규분포 $N(0,\ 1)$을 따르므로

$$\begin{aligned}
P(X\le258)&=P\left(Z\le\dfrac{258-240}{12}\right)\\
&=P(Z\le1.5)\\
&=P(Z\le0)+P(0\le Z\le1.5)\\
&=0.5+0.4332=0.9332
\end{aligned}$$

답 0.9332

296

확률변수 X는 이항분포 $B\left(180, \dfrac{1}{6}\right)$을 따르므로

$$E(X)=180\times\dfrac{1}{6}=30,\ V(X)=180\times\dfrac{1}{6}\times\dfrac{5}{6}=25$$

이때, 180은 충분히 큰 수이므로 X는 근사적으로 정규분포 $N(30,\ 5^2)$을 따른다. ㉮

따라서 $Z=\dfrac{X-30}{5}$으로 놓으면 Z는 표준정규분포 $N(0,\ 1)$을 따르므로

$$\begin{aligned}
P(20\le X\le35)&=P\left(\dfrac{20-30}{5}\le Z\le\dfrac{35-30}{5}\right)\\
&=P(-2\le Z\le1)\\
&=P(-2\le Z\le0)+P(0\le Z\le1)\\
&=P(0\le Z\le2)+0.3413=0.4772+0.3413=0.8185
\end{aligned}$$

㉯

단계	채점 요소	비율
㉮	확률변수 X가 근사적으로 따르는 정규분포 구하기	50%
㉯	$P(20\le X\le35)$의 값 구하기	50%

답 0.8185

297

예약을 취소하는 손님의 수를 확률변수 X라 하자.
공항에 나온 모든 손님이 비행기를 타려면 예약을 취소하는 손님이 $400-348=52$(명) 이상이어야 하므로 구하는 확률은 $P(X\ge52)$이다.

확률변수 X는 이항분포 $B\left(400, \dfrac{1}{10}\right)$을 따르므로

$$E(X)=400\times\dfrac{1}{10}=40,\ V(X)=400\times\dfrac{1}{10}\times\dfrac{9}{10}=36$$

이때, 400은 충분히 큰 수이므로 X는 근사적으로 정규분포 $N(40,\ 6^2)$을 따른다.

따라서 $Z=\dfrac{X-40}{6}$으로 놓으면 Z는 표준정규분포 $N(0,\ 1)$을 따르므로

$$\begin{aligned}
P(X\ge52)&=P\left(Z\ge\dfrac{52-40}{6}\right)\\
&=P(Z\ge2)\\
&=P(Z\ge0)-P(0\le Z\le2)\\
&=0.5-0.4772=0.0228
\end{aligned}$$

답 0.0228

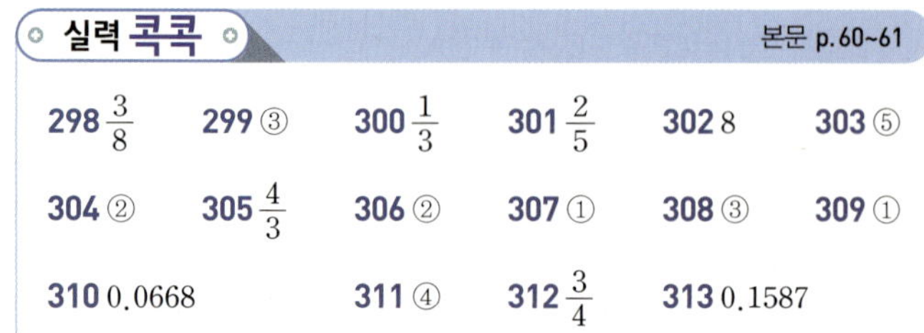

298

오른쪽 그림과 같이 함수 $y=f(x)$의 그래프와 x축으로 둘러싸인 삼각형의 넓이가 1이므로

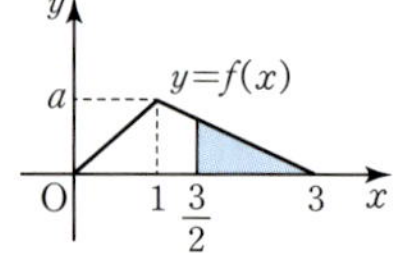

$$\dfrac{1}{2}\times3\times a=1\qquad\therefore a=\dfrac{2}{3}$$

이때, $1\le x\le3$에서 함수 $y=f(x)$의 그래프는 두 점 $\left(1,\ \dfrac{2}{3}\right)$, $(3,\ 0)$을 지나는 직선이므로

$$f(x)=\dfrac{0-\dfrac{2}{3}}{3-1}(x-3)=-\dfrac{1}{3}x+1\ (단,\ 1\le x\le3)$$

따라서 $P\left(\dfrac{3}{2}\le X\le3\right)$은 위의 그림의 색칠한 삼각형의 넓이와 같고

$f\left(\dfrac{3}{2}\right)=\dfrac{1}{2}$이므로

$$P\left(\dfrac{3}{2}\le X\le3\right)=\dfrac{1}{2}\times\dfrac{3}{2}\times\dfrac{1}{2}=\dfrac{3}{8}$$

답 $\dfrac{3}{8}$

299

오른쪽 그림과 같이 함수 $y=f(x)$의 그래프와 x축으로 둘러싸인 삼각형의 넓이가 1이므로

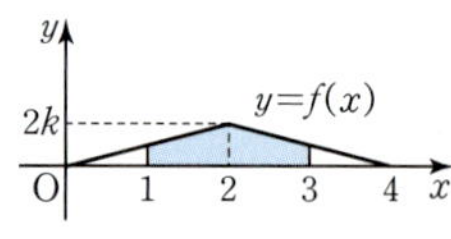

$$\dfrac{1}{2}\times4\times2k=1\qquad\therefore k=\dfrac{1}{4}$$

이때, $P(1\le X\le3)$은 위의 그림의 색칠한 부분의 넓이와 같고

$f(1)=\dfrac{1}{4}$, $f(3)=\dfrac{1}{4}$이므로

$$P(1\le X\le3)=1-2\times\left(\dfrac{1}{2}\times1\times\dfrac{1}{4}\right)=\dfrac{3}{4}$$

답 ③

300

$G(0)=3a$이고, $P(0\le X\le3)=1$이므로

$$3a=1\qquad\therefore a=\dfrac{1}{3}$$

즉, $G(x)=-\dfrac{1}{3}(x-3)$이다.

$$\begin{aligned}
\therefore P(a\le X\le4a)&=P\left(\dfrac{1}{3}\le X\le\dfrac{4}{3}\right)\\
&=P\left(\dfrac{1}{3}\le X\le3\right)-P\left(\dfrac{4}{3}<X\le3\right)\\
&=P\left(\dfrac{1}{3}\le X\le3\right)-P\left(\dfrac{4}{3}\le X\le3\right)\\
&=G\left(\dfrac{1}{3}\right)-G\left(\dfrac{4}{3}\right)\\
&=\dfrac{8}{9}-\dfrac{5}{9}=\dfrac{1}{3}
\end{aligned}$$

답 $\dfrac{1}{3}$

301

$$\begin{aligned}
P\left(\dfrac{1}{4}<Y<\dfrac{3}{4}\right)&=P\left(Y>\dfrac{1}{4}\right)-P\left(Y\ge\dfrac{3}{4}\right)\\
&=P\left(Y>\dfrac{1}{4}\right)-P\left(Y>\dfrac{3}{4}\right)
\end{aligned}$$

$$=H\left(\frac{1}{4}\right)-H\left(\frac{3}{4}\right)$$
$$=0.8-0.2=0.6$$

$P(X>k)=G(k)=-k+1$

따라서 $-k+1=0.6$이므로

$$k=0.4=\frac{2}{5}$$

$\quad$ 답 $\dfrac{2}{5}$

302

확률변수 X가 정규분포 $N(m, 4)$를 따르고
함수 $g(k)=P(k-8\leq X\leq k)$는 $k=12$일 때
최댓값을 가지므로 오른쪽 그림과 같이 $k-8=4$
와 $k=12$는 평균을 기준으로 같은 거리만큼 떨
어져 있다.

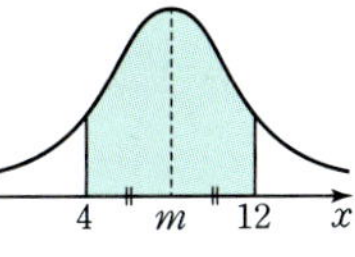

$$\therefore m=\frac{4+12}{2}=8$$

$\quad$ 답 8

303

두 확률변수 X, Y가 각각 정규분포 $N(20, 2^2)$, $N(30, 3^2)$을 따르므로

$Z_X=\dfrac{X-20}{2}$, $Z_Y=\dfrac{Y-30}{3}$으로 놓으면 Z_X, Z_Y는 모두 표준정규분포

$N(0, 1)$을 따른다.

$P(22\leq X\leq 26)=P(33\leq Y\leq k)$에서

$$P\left(\frac{22-20}{2}\leq Z_X\leq\frac{26-20}{2}\right)=P\left(\frac{33-30}{3}\leq Z_Y\leq\frac{k-30}{3}\right)$$

$$P(1\leq Z_X\leq 3)=P\left(1\leq Z_Y\leq\frac{k-30}{3}\right)$$

따라서 $\dfrac{k-30}{3}=3$이므로

$k-30=9$ $\quad\therefore k=39$

$\quad$ 답 ⑤

304

확률변수 X가 정규분포 $N(m, \sigma^2)$을 따른다고 하면 $Y=aX$이므로 확
률변수 Y는 $N(am, (a\sigma)^2)$을 따른다.

즉, $Z_X=\dfrac{X-m}{\sigma}$, $Z_Y=\dfrac{Y-am}{a\sigma}$으로 놓으면 Z_X, Z_Y는 모두 표준정규

분포 $N(0, 1)$을 따른다.

조건 ㈏에서 $P(X\leq 18)+P(Y\geq 36)=1$이므로

$$P\left(Z_X\leq\frac{18-m}{\sigma}\right)+P\left(Z_Y\geq\frac{36-am}{a\sigma}\right)=1$$

즉, $\dfrac{18-m}{\sigma}=\dfrac{36-am}{a\sigma}$이므로

$18a-am=36-am$ $\quad\therefore a=2$

조건 ㈐에서 $P(X\leq 28)=P(Y\geq 28)$이므로

$$P\left(Z_X\leq\frac{28-m}{\sigma}\right)=P\left(Z_Y\geq\frac{28-am}{a\sigma}\right)$$

즉, $\dfrac{28-m}{\sigma}=-\dfrac{28-am}{a\sigma}$이므로

$$\frac{28-m}{\sigma}=\frac{am-28}{a\sigma}$$

$a=2$를 대입하면

$28-m=m-14$, $2m=42$ $\quad\therefore m=21$

$$\therefore E(Y)=am=2\times 21=42$$

표준정규분포곡선은 직선 $x=0$에 대하여 대칭
이다.

따라서 $P(Z\leq a)=P(Z\geq b)$이면

$|a|=|b|$이고, a와 b의 부호는 서로 반대이므로

$a=-b$이다.

$\quad$ 답 ②

305

두 제품 A, B의 무게를 각각 확률변수 X, Y라 하면 두 확률변수 X, Y
는 각각 정규분포 $N(m, 1^2)$, $N(2m, 2^2)$을 따른다.

$Z_X=\dfrac{X-m}{1}$, $Z_Y=\dfrac{Y-2m}{2}$으로 놓으면 Z_X, Z_Y는 모두 표준정규분포

$N(0, 1)$을 따른다.

$$P(X\geq k)=P\left(\frac{X-m}{1}\geq\frac{k-m}{1}\right)=P(Z_X\geq k-m)$$

$$P(Y\leq k)=P\left(\frac{Y-2m}{2}\leq\frac{k-2m}{2}\right)=P\left(Z_Y\leq\frac{k-2m}{2}\right)$$

이때, $P(X\geq k)=P(Y\leq k)$이므로

$$P(Z_X\geq k-m)=P\left(Z_Y\leq\frac{k-2m}{2}\right)$$

즉, $k-m=-\dfrac{k-2m}{2}$이므로

$2k-2m=-k+2m$

$3k=4m$ $\quad\therefore \dfrac{k}{m}=\dfrac{4}{3}$

$\quad$ 답 $\dfrac{4}{3}$

306

확률변수 X가 정규분포 $N(5, 3^2)$을 따르므로 $Z=\dfrac{X-5}{3}$로 놓으면 Z

는 표준정규분포 $N(0, 1)$을 따른다.

$$P(|X-5|\leq 3)=P(-3\leq X-5\leq 3)$$
$$=P\left(\frac{-3}{3}\leq\frac{X-5}{3}\leq\frac{3}{3}\right)$$
$$=P(-1\leq Z\leq 1)=0.6826$$

에서 $P(0\leq Z\leq 1)=\dfrac{1}{2}\times 0.6826=0.3413$

$$\therefore P(Y\geq 17)=P(2X+1\geq 17)$$
$$=P(X\geq 8)$$
$$=P\left(Z\geq\frac{8-5}{3}\right)$$
$$=P(Z\geq 1)$$
$$=P(Z\geq 0)-P(0\leq Z\leq 1)$$
$$=0.5-0.3413=0.1587$$

확률변수 X가 정규분포 $N(5, 3^2)$을 따르므로

$m=5$, $\sigma=3$

$$\therefore P(|X-5|\leq 3)=P(-3\leq X-5\leq 3)$$
$$=P(5-3\leq X\leq 5+3)$$
$$=P(m-\sigma\leq X\leq m+\sigma)$$
$$=0.6826$$

한편, 정규분포곡선은 직선 $x=m$에 대하여 대칭이므로

$$P(m-\sigma\leq X\leq m+\sigma)=2P(m\leq X\leq m+\sigma)$$
$$=0.6826$$

에서 $P(m\leq X\leq m+\sigma)=0.3413$

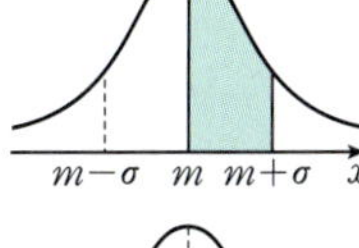

$$\therefore P(Y\geq 17)=P(2X+1\geq 17)$$
$$=P(X\geq 8)$$
$$=P(X\geq 5+3)$$
$$=P(X\geq m+\sigma)$$

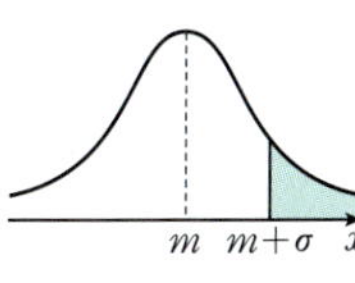

$$=P(X\geq m)-P(m\leq X\leq m+\sigma)$$
$$=0.5-0.3413=0.1587$$

$\quad$ 답 ②

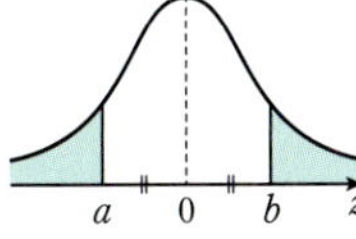

307

짱이가 등교하는 데 걸리는 시간을 확률변수 X라 하면 X는 정규분포 $N(30, 10^2)$을 따른다.

이때, $Z=\dfrac{X-30}{10}$으로 놓으면 Z는 표준정규분포 $N(0, 1)$을 따른다.

짱이가 지각하지 않으려면 등교하는 데 걸리는 시간이 20분 이하이어야 하므로 구하는 확률은

$$\begin{aligned}
P(X\le20)&=P\left(Z\le\dfrac{20-30}{10}\right)\\
&=P(Z\le-1)\\
&=P(Z\le0)-P(-1\le Z\le0)\\
&=0.5-P(0\le Z\le1)\\
&=0.5-0.3413=0.1587
\end{aligned}$$

답 ①

308

게임 유저의 점수를 확률변수 X라 하면 X는 정규분포 $N(750, 50^2)$을 따른다.

1000명 중 상위 150명 안에 들기 위한 최소 점수를 a점이라 하면 $P(X\ge a)=0.15$

이때, $Z=\dfrac{X-750}{50}$으로 놓으면 Z는 표준정규분포 $N(0, 1)$을 따르므로

$$\begin{aligned}
P(X\ge a)&=P\left(Z\ge\dfrac{a-750}{50}\right)\\
&=0.5-P\left(0\le Z\le\dfrac{a-750}{50}\right)\\
&=0.15
\end{aligned}$$

$$\therefore P\left(0\le Z\le\dfrac{a-750}{50}\right)=0.35$$

이때, $P(0\le Z\le1.04)=0.35$이므로

$$\dfrac{a-750}{50}=1.04 \quad \therefore a=802$$

따라서 아이템을 받기 위한 최소 점수는 802점이다.

답 ③

309

확률변수 X는 이항분포 $B\left(100, \dfrac{1}{5}\right)$을 따르므로

$$E(X)=100\times\dfrac{1}{5}=20,\ V(X)=100\times\dfrac{1}{5}\times\dfrac{4}{5}=16$$

이때, 100은 충분히 큰 수이므로 X는 근사적으로 정규분포 $N(20, 4^2)$을 따른다.

따라서 $Z=\dfrac{X-20}{4}$으로 놓으면 Z는 표준정규분포 $N(0, 1)$을 따르므로

$$\begin{aligned}
P(X\ge28)&=P\left(Z\ge\dfrac{28-20}{4}\right)\\
&=P(Z\ge2)\\
&=P(Z\ge0)-P(0\le Z\le2)\\
&=0.5-0.4772=0.0228
\end{aligned}$$

답 ①

310

예약을 취소하거나 콘서트를 관람하지 않는 사람의 수를 확률변수 X라 하면 X는 이항분포 $B\left(225, \dfrac{1}{5}\right)$을 따르므로

$$E(X)=225\times\dfrac{1}{5}=45,\ V(X)=225\times\dfrac{1}{5}\times\dfrac{4}{5}=36$$

이때, 225는 충분히 큰 수이므로 X는 근사적으로 정규분포 $N(45, 6^2)$을 따른다.

따라서 $Z=\dfrac{X-45}{6}$로 놓으면 Z는 표준정규분포 $N(0, 1)$을 따르고,

객석이 부족하게 되려면 예약을 취소하거나 콘서트를 관람하지 않는 사람이 36명 이하가 되어야 하므로 구하는 확률은

$$\begin{aligned}
P(X\le36)&=P\left(Z\le\dfrac{36-45}{6}\right)\\
&=P(Z\le-1.5)\\
&=P(Z\le0)-P(-1.5\le Z\le0)\\
&=0.5-P(0\le Z\le1.5)\\
&=0.5-0.4332=0.0668
\end{aligned}$$

답 0.0668

311

1회의 시행에서 주사위는 5 이상의 눈이 나오고 동전은 앞면이 나올 확률은 $\dfrac{2}{6}\times\dfrac{1}{2}=\dfrac{1}{6}$

180회의 시행에서 주사위는 5 이상의 눈이 나오고 동전은 앞면이 나오는 횟수를 확률변수 X라 하면 X는 이항분포 $B\left(180, \dfrac{1}{6}\right)$을 따르므로

$$E(X)=180\times\dfrac{1}{6}=30,\ V(X)=180\times\dfrac{1}{6}\times\dfrac{5}{6}=25$$

이때, 180은 충분히 큰 수이므로 X는 근사적으로 정규분포 $N(30, 5^2)$을 따른다.

한편, 180회의 시행에서 600점을 얻을 때의 확률변수 X의 값은
$$100X-20(180-X)=120X-3600=600$$
$$\therefore X=35$$

따라서 $Z=\dfrac{X-30}{5}$으로 놓으면 Z는 표준정규분포 $N(0, 1)$을 따르므로 구하는 확률은

$$\begin{aligned}
P(X\ge35)&=P\left(Z\ge\dfrac{35-30}{5}\right)\\
&=P(Z\ge1)\\
&=P(Z\ge0)-P(0\le Z\le1)\\
&=0.5-0.3413=0.1587
\end{aligned}$$

다른 풀이

180회의 시행에서 주사위는 5 이상의 눈이 나오고 동전은 앞면이 나오는 횟수를 확률변수라 하면 X는 이항분포 $B\left(180, \dfrac{1}{6}\right)$을 따르므로

$$E(X)=30,\ V(X)=25$$

이때, 180회의 시행에서 얻는 점수를 확률변수 Y라 하면
$$Y=100X-20(180-X)=120X-3600$$

따라서 확률변수 Y의 평균 $E(Y)$, 분산 $V(Y)$는 각각

$$\begin{aligned}
E(Y)&=E(120X-3600)=120E(X)-3600\\
&=120\times30-3600=0
\end{aligned}$$

$$\begin{aligned}
V(Y)&=V(120X-3600)=120^2V(X)\\
&=120^2\times5^2=600^2
\end{aligned}$$

따라서 확률변수 Y는 정규분포 $N(0, 600^2)$을 따른다.

이때, $Z=\dfrac{Y-0}{600}$으로 놓으면 Z는 표준정규분포 $N(0, 1)$을 따르므로 구하는 확률은

$$\begin{aligned}
P(Y\ge600)&=P\left(Z\ge\dfrac{600-0}{600}\right)\\
&=P(Z\ge1)\\
&=P(Z\ge0)-P(0\le Z\le1)\\
&=0.5-0.3413=0.1587
\end{aligned}$$

답 ④

312

연속확률변수 X가 갖는 값의 범위가 $0\leq x\leq 4$이고 확률밀도함수 $f(x)$

의 그래프가 직선 $x=2$에 대하여 대칭이므로 $\mathrm{P}(0\leq X\leq 2)=\dfrac{1}{2}$이다.

이때, $\mathrm{P}(x\leq X\leq 2)=a-\dfrac{x^2}{8}$에 $x=0$을 대입하면

$$a=\dfrac{1}{2}$$

　⋯⋯ ㉮

따라서 $\mathrm{P}(x\leq X\leq 2)=\dfrac{1}{2}-\dfrac{x^2}{8}$이므로

$$\mathrm{P}(1\leq X\leq 3)=2\mathrm{P}(1\leq X\leq 2)$$
$$=2\times\left(\dfrac{1}{2}-\dfrac{1}{8}\right)=\dfrac{3}{4}$$

　⋯⋯ ㉯

단계	채점 요소	비율
㉮	a의 값 구하기	50%
㉯	$\mathrm{P}(1\leq X\leq 3)$의 값 구하기	50%

답 $\dfrac{3}{4}$

313

한 개의 주사위를 72회 던져서 6의 약수의 눈이 나오는 횟수를 확률변수 X라 하면 1회의 시행에서 6의 약수의 눈이 나올 확률은 $\dfrac{4}{6}=\dfrac{2}{3}$이다.

즉, X는 이항분포 $\mathrm{B}\left(72,\dfrac{2}{3}\right)$를 따른다.

　⋯⋯ ㉮

$\mathrm{E}(X)=72\times\dfrac{2}{3}=48$, $\mathrm{V}(X)=72\times\dfrac{2}{3}\times\dfrac{1}{3}=16$

이때, 72는 충분히 큰 수이므로 X는 근사적으로 정규분포 $\mathrm{N}(48,\,4^2)$을 따른다.

　⋯⋯ ㉯

한편, X에 대하여 6의 약수가 아닌 눈이 나오는 횟수는 $72-X$이므로 획득한 상금을 확률변수 Y라 하면

$$Y=1000X-500(72-X)=1500X-36000$$

따라서 $Z=\dfrac{Y-48}{4}$로 놓으면 Z는 표준정규분포 $\mathrm{N}(0,\,1)$을 따르므로 구하는 확률은

$$\mathrm{P}(Y\geq 42000)=\mathrm{P}(1500X-36000\geq 42000)$$
$$=\mathrm{P}(1500X\geq 78000)$$
$$=\mathrm{P}(X\geq 52)$$
$$=\mathrm{P}\left(Z\geq\dfrac{52-48}{4}\right)$$
$$=\mathrm{P}(Z\geq 1)$$
$$=\mathrm{P}(Z\geq 0)-\mathrm{P}(0\leq Z\leq 1)$$
$$=0.5-0.3413=0.1587$$

　⋯⋯ ㉰

단계	채점 요소	비율
㉮	확률변수 X가 따르는 이항분포 구하기	30%
㉯	확률변수 X가 근사적으로 따르는 정규분포 구하기	30%
㉰	확률 구하기	40%

답 0.1587

07 통계적 추정

개념 콕콕　　　　본문 p.63

314

답 (1) 표본조사 (2) 표본조사 (3) 전수조사

315

연속으로 2장을 비복원추출하는 경우의 수는 4장의 카드에서 2장을 뽑는 순열의 수와 같으므로

$$_4\mathrm{P}_2=4\times 3=12$$

연속으로 2장을 복원추출하는 경우의 수는 4장의 카드에서 2장을 뽑는 중복순열의 수와 같으므로

$$_4\Pi_2=4^2=16$$

답 비복원추출 : 12, 복원추출 : 16

316

(1) 표본의 크기가 2이므로 표본평균 $\overline{X}$의 확률분포는 다음 표와 같다.

$\overline{X}$	1	2	3	4	5	6	7	합계
$\mathrm{P}(\overline{X}=\bar{x})$	$\dfrac{1}{16}$	$\dfrac{1}{8}$	$\dfrac{3}{16}$	$\dfrac{1}{4}$	$\dfrac{3}{16}$	$\dfrac{1}{8}$	$\dfrac{1}{16}$	1

(2) $\mathrm{E}(\overline{X})=1\times\dfrac{1}{16}+2\times\dfrac{1}{8}+3\times\dfrac{3}{16}+4\times\dfrac{1}{4}+5\times\dfrac{3}{16}+6\times\dfrac{1}{8}+7\times\dfrac{1}{16}$

$$=\dfrac{64}{16}=4$$

$\mathrm{V}(\overline{X})=\mathrm{E}(\overline{X}^2)-\{\mathrm{E}(\overline{X})\}^2$

$=1^2\times\dfrac{1}{16}+2^2\times\dfrac{1}{8}+3^2\times\dfrac{3}{16}+4^2\times\dfrac{1}{4}+5^2\times\dfrac{3}{16}+6^2\times\dfrac{1}{8}$

$$+7^2\times\dfrac{1}{16}-4^2$$

$$=\dfrac{37}{2}-16=\dfrac{5}{2}$$

$$\sigma(\overline{X})=\sqrt{\mathrm{V}(\overline{X})}=\sqrt{\dfrac{5}{2}}=\dfrac{\sqrt{10}}{2}$$

답 (1) 풀이 참조 (2) 평균 : 4, 분산 : $\dfrac{5}{2}$, 표준편차 : $\dfrac{\sqrt{10}}{2}$

317

모평균을 m, 모분산을 σ^2, 표본의 크기를 n이라 하면

$m=12$, $\sigma^2=5^2$, $n=36$이므로

(1) $\mathrm{E}(\overline{X})=m=12$

(2) $\mathrm{V}(\overline{X})=\dfrac{\sigma^2}{n}=\dfrac{25}{36}$

(3) $\sigma(\overline{X})=\dfrac{\sigma}{\sqrt{n}}=\dfrac{5}{6}$

답 (1) 12 (2) $\dfrac{25}{36}$ (3) $\dfrac{5}{6}$

318

모집단이 정규분포 $\mathrm{N}(20,\,3^2)$을 따르므로 모평균이 20, 모분산이 3^2이다. 표본의 크기가 81이므로

(1) $\mathrm{E}(\overline{X})=20$

(2) $\mathrm{V}(\overline{X})=\dfrac{9}{81}=\dfrac{1}{9}$

(3) $\sigma(\overline{X}) = \sqrt{\dfrac{1}{9}} = \dfrac{1}{3}$

답 (1) 20 (2) $\dfrac{1}{9}$ (3) $\dfrac{1}{3}$

319

(1) 모집단의 평균이 50, 분산이 16, 표본의 크기가 64이므로

$$\mathrm{E}(\overline{X}) = 50,\ \mathrm{V}(\overline{X}) = \dfrac{16}{64} = \dfrac{1}{4}$$

(2) $\overline{X}$는 정규분포 $\mathrm{N}\!\left(50,\left(\dfrac{1}{2}\right)^2\right)$을 따르므로

$$Z = \dfrac{\overline{X}-50}{\dfrac{1}{2}}\ \text{으로 놓으면 } Z\text{는 표준정규분포 } \mathrm{N}(0,1)\text{을 따른다.}$$

$$\therefore\ \mathrm{P}(\overline{X} \geq 51) = \mathrm{P}\!\left(Z \geq \dfrac{51-50}{\dfrac{1}{2}}\right)$$

$$= \mathrm{P}(Z \geq 2) = 0.5 - \mathrm{P}(0 \leq Z \leq 2)$$

$$= 0.5 - 0.4772 = 0.0228$$

답 (1) 평균 : 50, 분산 : $\dfrac{1}{4}$ (2) 0.0228

320

표본의 크기 144가 충분히 크므로 모표준편차 대신 표본표준편차 6을 사용할 수 있다.

(1) $50 - 1.96 \times \dfrac{6}{\sqrt{144}} \leq m \leq 50 + 1.96 \times \dfrac{6}{\sqrt{144}}$

$\quad \therefore\ 49.02 \leq m \leq 50.98$

(2) $50 - 2.58 \times \dfrac{6}{\sqrt{144}} \leq m \leq 50 + 2.58 \times \dfrac{6}{\sqrt{144}}$

$\quad \therefore\ 48.71 \leq m \leq 51.29$

답 (1) $49.02 \leq m \leq 50.98$ (2) $48.71 \leq m \leq 51.29$

321

표본의 크기 64가 충분히 크므로 모표준편차 대신 표본표준편차 12를 사용할 수 있다.

(1) $2 \times 1.96 \times \dfrac{12}{\sqrt{64}} = 5.88$

(2) $2 \times 2.58 \times \dfrac{12}{\sqrt{64}} = 7.74$

답 (1) 5.88 (2) 7.74

유형 콕콕
본문 p.64~67

322 ③	**323** ③	**324** $\dfrac{7}{2}$	**325** ④	**326** ③	**327** 5
328 ③	**329** ④	**330** 9	**331** ②	**332** ②	**333** 11
334 ②	**335** ⑤	**336** 1.24	**337** ⑤	**338** 36	
339 241	**340** ②	**341** $\dfrac{1}{2}$	**342** ②	**343** ④	
344 169	**345** 64				

322

모평균을 m, 모분산을 σ^2이라 하면

$$m = 0 \times \dfrac{1}{4} + 1 \times \dfrac{1}{2} + 2 \times \dfrac{1}{4} = 1$$

$$\sigma^2 = \left(0^2 \times \dfrac{1}{4} + 1^2 \times \dfrac{1}{2} + 2^2 \times \dfrac{1}{4}\right) - 1^2 = \dfrac{1}{2}$$

이때, 표본의 크기가 2이므로

$$\mathrm{E}(\overline{X}) = m = 1$$

$$\mathrm{V}(\overline{X}) = \dfrac{\dfrac{1}{2}}{2} = \dfrac{1}{4}$$

$$\sigma(\overline{X}) = \sqrt{\mathrm{V}(\overline{X})} = \sqrt{\dfrac{1}{4}} = \dfrac{1}{2}$$

따라서 $\overline{X}$의 평균과 표준편차의 합은

$$1 + \dfrac{1}{2} = \dfrac{3}{2}$$

답 ③

323

표본평균 $\overline{X}$의 표준편차가 $\dfrac{3}{\sqrt{n}}$이므로

$$\dfrac{3}{\sqrt{n}} = 1,\ \sqrt{n} = 3$$

$$\therefore\ n = 9$$

답 ③

324

확률의 총합은 1이므로

$$\dfrac{1}{10} + a + \dfrac{3}{10} + \dfrac{2}{5} = 1 \qquad \therefore\ a = \dfrac{1}{5}$$

모평균을 m, 모분산을 σ^2이라 하면

$$m = 1 \times \dfrac{1}{10} + 2 \times \dfrac{1}{5} + 3 \times \dfrac{3}{10} + 4 \times \dfrac{2}{5} = 3$$

$$\sigma^2 = \left(1^2 \times \dfrac{1}{10} + 2^2 \times \dfrac{1}{5} + 3^2 \times \dfrac{3}{10} + 4^2 \times \dfrac{2}{5}\right) - 3^2 = 1$$

이때, 표본의 크기가 4이므로

$$\mathrm{E}(\overline{X}) = m = 3$$

$$\mathrm{V}(\overline{X}) = \dfrac{1}{4}$$

$$\sigma(\overline{X}) = \sqrt{\mathrm{V}(\overline{X})} = \sqrt{\dfrac{1}{4}} = \dfrac{1}{2}$$

$$\therefore\ \mathrm{E}(\overline{X}) + \sigma(\overline{X}) = 3 + \dfrac{1}{2} = \dfrac{7}{2}$$

답 $\dfrac{7}{2}$

325

주머니에서 임의로 1개의 공을 꺼낼 때, 공에 적힌 숫자를 확률변수 X라 하면 X의 확률분포는 다음 표와 같다.

X	2	4	6	8	10	합계
$\mathrm{P}(X=x)$	$\dfrac{1}{5}$	$\dfrac{1}{5}$	$\dfrac{1}{5}$	$\dfrac{1}{5}$	$\dfrac{1}{5}$	1

모평균을 m, 모분산을 σ^2이라 하면

$$m = \dfrac{1}{5}(2+4+6+8+10) = 6$$

$$\sigma^2 = \dfrac{1}{5}(2^2+4^2+6^2+8^2+10^2) - 6^2 = 8$$

이때, 표본의 크기가 5이므로

$$\mathrm{E}(\overline{X}) = 6,\ \mathrm{V}(\overline{X}) = \dfrac{8}{5}$$

따라서 $\overline{X}$의 평균과 분산의 곱은

$$6 \times \dfrac{8}{5} = \dfrac{48}{5}$$

답 ④

326

상자에서 임의로 1장의 카드를 꺼낼 때, 카드에 적힌 숫자를 확률변수 X라 하면 X의 확률분포는 다음 표와 같다.

X	1	2	3	합계
$P(X=x)$	$\dfrac{1}{4}$	$\dfrac{1}{2}$	$\dfrac{1}{4}$	1

모평균을 m, 모분산을 σ^2이라 하면

$$m=1\times\frac{1}{4}+2\times\frac{1}{2}+3\times\frac{1}{4}=2$$

$$\sigma^2=1^2\times\frac{1}{4}+2^2\times\frac{1}{2}+3^2\times\frac{1}{4}-2^2=\frac{9}{2}-4=\frac{1}{2}$$

이때, 표본의 크기가 2이므로

$$V(\overline{X})=\frac{\dfrac{1}{2}}{2}=\frac{1}{4}$$

답 ③

327

카드에 적힌 수를 확률변수 X라 하면 X의 확률분포는 다음 표와 같다.

X	1	2	3	4	5	6	7	8	9	합계
$P(X=x)$	$\dfrac{1}{9}$	$\dfrac{1}{9}$	$\dfrac{1}{9}$	$\dfrac{1}{9}$	$\dfrac{1}{9}$	$\dfrac{1}{9}$	$\dfrac{1}{9}$	$\dfrac{1}{9}$	$\dfrac{1}{9}$	1

모평균을 m, 모분산을 σ^2이라 하면

$$m=\frac{1}{9}(1+2+3+\cdots+9)=\frac{45}{9}=5$$

$$\sigma^2=\frac{1}{9}(1^2+2^2+3^2+\cdots+9^2)-5^2=\frac{20}{3}$$

㉮

표본의 크기가 n일 때, 표본평균 $\overline{X}$의 분산이 $\dfrac{4}{3}$이므로

$$V(\overline{X})=\frac{\dfrac{20}{3}}{n}=\frac{4}{3} \qquad \therefore n=5$$

㉯

단계	채점 요소	비율
㉮	모평균, 모분산 구하기	50%
㉯	n의 값 구하기	50%

답 5

328

모집단이 정규분포 $N(69,\,8^2)$을 따르고 표본의 크기가 16이므로 표본평균 $\overline{X}$는 정규분포 $N\left(69,\,\dfrac{8^2}{16}\right)$, 즉 $N(69,\,2^2)$을 따른다.

이때, $Z=\dfrac{\overline{X}-69}{2}$로 놓으면 Z는 표준정규분포 $N(0,\,1)$을 따르므로 구하는 확률은

$$P(\overline{X}\leq67)=P\left(Z\leq\frac{67-69}{2}\right)$$
$$=P(Z\leq-1)=P(Z\geq1)$$
$$=0.5-P(0\leq Z\leq1)$$
$$=0.5-0.3413$$
$$=0.1587$$

답 ③

329

모집단이 정규분포 $N(80,\,5^2)$을 따르고 표본의 크기가 25이므로 표본평균 $\overline{X}$는 정규분포 $N\left(80,\,\dfrac{5^2}{25}\right)$, 즉 $N(80,\,1^2)$을 따른다.

이때, $Z=\dfrac{\overline{X}-80}{1}$으로 놓으면 Z는 표준정규분포 $N(0,\,1)$을 따르므로

$$P(78\leq\overline{X}\leq82)=P\left(\frac{78-80}{1}\leq Z\leq\frac{82-80}{1}\right)$$
$$=P(-2\leq Z\leq2)=2P(0\leq Z\leq2)$$
$$=2\times0.4772=0.9544$$

답 ④

330

모집단이 정규분포 $N(480,\,10^2)$을 따르고 표본의 크기가 n이므로 표본평균 $\overline{X}$는 정규분포 $N\left(480,\,\left(\dfrac{10}{\sqrt{n}}\right)^2\right)$을 따른다.

이때, $Z=\dfrac{\overline{X}-480}{\dfrac{10}{\sqrt{n}}}$으로 놓으면 Z는 표준정규분포 $N(0,\,1)$을 따르므로

$P(\overline{X}\geq485)=0.0668$에서

$$P(\overline{X}\geq485)=P\left(Z\geq\frac{485-480}{\dfrac{10}{\sqrt{n}}}\right)$$
$$=P\left(Z\geq\frac{\sqrt{n}}{2}\right)=0.5-P\left(0\leq Z\leq\frac{\sqrt{n}}{2}\right)$$
$$=0.0668$$

따라서 $P\left(0\leq Z\leq\dfrac{\sqrt{n}}{2}\right)=0.4332$이므로

$$\frac{\sqrt{n}}{2}=1.5,\ \sqrt{n}=3 \qquad \therefore n=9$$

답 9

331

표본의 크기 100이 충분히 크므로 모표준편차 대신 표본표준편차 5를 사용할 수 있고, 표본평균이 84이므로 모평균 m의 신뢰도 95 %의 신뢰구간은

$$84-1.96\times\frac{5}{\sqrt{100}}\leq m\leq84+1.96\times\frac{5}{\sqrt{100}}$$

$$\therefore 83.02\leq m\leq84.98$$

따라서 $a=83.02$, $b=84.98$이므로

$$b-a=84.98-83.02=1.96$$

답 ②

332

표본평균이 69, 모표준편차가 6, 표본의 크기가 25이므로 모평균 m의 신뢰도 95 %의 신뢰구간은

$$69-1.96\times\frac{6}{\sqrt{25}}\leq m\leq69+1.96\times\frac{6}{\sqrt{25}}$$

$$\therefore 66.648\leq m\leq71.352$$

따라서 $a=66.648$, $b=71.352$이므로

$$a+b=66.648+71.352=138$$

답 ②

333

표본평균이 950, 모표준편차가 40, 표본의 크기가 400이므로 모평균 m의 신뢰도 99 %의 신뢰구간은

$$950-2.58\times\frac{40}{\sqrt{400}}\leq m\leq950+2.58\times\frac{40}{\sqrt{400}}$$

$$\therefore 944.84\leq m\leq955.16$$

㉮

따라서 신뢰구간에 속하는 정수는 945, 946, 947, $\cdots$, 955의 11개이다.

㉯

단계	채점 요소	비율
㉮	모평균 m의 신뢰도 99 %의 신뢰구간 구하기	60%
㉯	신뢰구간에 속하는 정수의 개수 구하기	40%

답 11

334

표본평균 $\overline{X}$의 값을 $\overline{x}$라 하면 모표준편차가 σ, 표본의 크기가 n이므로 모평균 m의 신뢰도 99 %의 신뢰구간은

$$\overline{x}-2.58\frac{\sigma}{\sqrt{n}}\leq m\leq \overline{x}+2.58\frac{\sigma}{\sqrt{n}}$$

이때, $47.1\leq m\leq 72.9$이므로

$$\overline{x}-2.58\frac{\sigma}{\sqrt{n}}=47.1 \qquad \cdots\cdots ㉠$$

$$\overline{x}+2.58\frac{\sigma}{\sqrt{n}}=72.9 \qquad \cdots\cdots ㉡$$

㉡에서 ㉠을 빼면

$$2\times 2.58\frac{\sigma}{\sqrt{n}}=25.8 \qquad \therefore \frac{\sigma}{\sqrt{n}}=5$$

이것을 ㉠에 대입하면

$$\overline{x}=60$$

즉, 모평균 m의 신뢰도 95 %의 신뢰구간은

$$60-1.96\times 5\leq m\leq 60+1.96\times 5$$

$$\therefore 50.2\leq m\leq 69.8$$

따라서 신뢰도 95 %의 신뢰구간에 속하는 자연수는 51, 52, $\cdots$, 69의 19개이다.

답 ②

335

모표준편차가 10, 표본의 크기가 100이므로

$$b-a=2\times 2.33\times \frac{10}{\sqrt{100}}\,(\because P(|Z|\leq 2.33)=0.98)$$

$$=4.66$$

답 ⑤

336

표본의 크기 81이 충분히 크므로 모표준편차 대신 표본표준편차 9를 사용할 수 있다.

(i) 모평균 m을 신뢰도 95 %로 추정할 때

$$b-a=2\times 1.96\times \frac{9}{\sqrt{81}}=3.92$$

㉮

(ii) 모평균 m을 신뢰도 99 %로 추정할 때

$$d-c=2\times 2.58\times \frac{9}{\sqrt{81}}=5.16$$

㉯

$$\therefore |(d-c)-(b-a)|=5.16-3.92=1.24$$

㉰

단계	채점 요소	비율
㉮	$b-a$의 값 구하기	45%
㉯	$d-c$의 값 구하기	45%
㉰	$|(d-c)-(b-a)|$의 값 구하기	10%

답 1.24

337

$P(|Z|\leq k)=\dfrac{\alpha}{100}$라 하고 모평균 m의 신뢰도 α %의 신뢰구간을 $a\leq m\leq b$라 하자.

$b-a$의 값이 3이고, 모표준편차가 2, 표본의 크기가 36이므로

$$2k\times \frac{2}{\sqrt{36}}=3 \qquad \therefore k=\frac{9}{2}$$

따라서 표본의 크기가 n일 때, 모평균 m의 신뢰도 α %의 신뢰구간 $c\leq m\leq d$에 대하여 $d-c$의 값이 1이 되려면

$$2\times \frac{9}{2}\times \frac{2}{\sqrt{n}}=1$$

$$\sqrt{n}=18 \qquad \therefore n=324$$

답 ⑤

338

$P(|Z|\leq 2)=0.954$이고, 모표준편차가 3, 표본의 크기가 n이므로

$$b-a=2\times 2\times \frac{3}{\sqrt{n}}$$

즉, $2\times 2\times \dfrac{3}{\sqrt{n}}\leq 2$, $\sqrt{n}\geq 6$

$$\therefore n\geq 36$$

따라서 구하는 n의 최솟값은 36이다.

답 36

339

표본의 크기가 n일 때, 신뢰도 97 %의 신뢰구간 $a\leq m\leq b$에 대하여

$$b-a=2\times 2.17\times \frac{60}{\sqrt{n}}$$

표본의 크기가 196일 때, 신뢰도 95 %의 신뢰구간 $c\leq m\leq d$에 대하여

$$d-c=2\times 1.96\times \frac{60}{\sqrt{196}}$$

$b-a\leq d-c$이어야 하므로

$$2\times 2.17\times \frac{60}{\sqrt{n}}\leq 2\times 1.96\times \frac{60}{\sqrt{196}}$$

$$\sqrt{n}\geq \frac{2.17}{1.96}\times 14=15.5$$

$$\therefore n\geq 240.25$$

따라서 구하는 n의 최솟값은 241이다.

답 241

340

$P(|Z|\leq k)=\dfrac{\alpha}{100}$라 하면 모평균 m의 신뢰도 α %의 신뢰구간 $a\leq m\leq b$에 대하여

$$b-a=2k\frac{\sigma}{\sqrt{n}}$$

따라서 신뢰도 α %가 높을수록, 표본의 크기 n이 작을수록 $b-a$의 값이 커지므로 ②이다.

답 ②

341

정규분포 $N(m,\ \sigma^2)$을 따르는 모집단에서 크기가 n인 표본을 임의추출하여 추정한 모평균의 신뢰구간 $a\leq m\leq b$에 대하여

$$b-a=2t\frac{\sigma}{\sqrt{n}}\ (단,\ t는\ 상수)$$

이때, n 대신 $4n$을 대입하면

$$2t\frac{\sigma}{\sqrt{4n}}=\frac{1}{2}\times 2t\frac{\sigma}{\sqrt{n}}$$

따라서 표본의 크기가 4배가 되면 $b-a$의 값은 $\dfrac{1}{2}$배가 된다.

답 $\dfrac{1}{2}$

342

두 양수 α, β $(\alpha<\beta)$에 대하여 $P(|Z|\leq\alpha)=0.95$, $P(|Z|\leq\beta)=0.99$라 하자.

① $f(64,\ 95)=2\times\alpha\times\dfrac{\sigma}{\sqrt{64}}=\dfrac{\alpha}{4}\sigma$

② $f(64,\ 99)=2\times\beta\times\dfrac{\sigma}{\sqrt{64}}=\dfrac{\beta}{4}\sigma$

③ $f(81,\ 95)=2\times\alpha\times\dfrac{\sigma}{\sqrt{81}}=\dfrac{2\alpha}{9}\sigma$

④ $f(81,\ 99)=2\times\beta\times\dfrac{\sigma}{\sqrt{81}}=\dfrac{2\beta}{9}\sigma$

⑤ $f(100,\ 99)=2\times\beta\times\dfrac{\sigma}{\sqrt{100}}=\dfrac{\beta}{5}\sigma$

이때, $0<\alpha<\beta$, $\sigma>0$이므로 가장 큰 값은 ②이다. **달** ②

343

표본평균을 $\overline{X}$라 하면 모평균 m의 신뢰도 95 %의 신뢰구간은

$$\overline{X}-1.96\times\dfrac{15}{\sqrt{n}}\leq m\leq\overline{X}+1.96\times\dfrac{15}{\sqrt{n}}$$

$$-1.96\times\dfrac{15}{\sqrt{n}}\leq m-\overline{X}\leq1.96\times\dfrac{15}{\sqrt{n}}$$

$$\therefore\ |m-\overline{X}|\leq1.96\times\dfrac{15}{\sqrt{n}}$$

모평균과 표본평균의 차가 3 이하이어야 하므로

$$1.96\times\dfrac{15}{\sqrt{n}}\leq3$$

$$\sqrt{n}\geq9.8\qquad\therefore\ n\geq96.04$$

따라서 구하는 n의 최솟값은 97이다. **달** ④

344

표본평균을 $\overline{X}$, 표본의 크기를 n이라 하면 모평균 m의 신뢰도 99 %의 신뢰구간은

$$\overline{X}-2.6\times\dfrac{5}{\sqrt{n}}\leq m\leq\overline{X}+2.6\times\dfrac{5}{\sqrt{n}}$$

$$-2.6\times\dfrac{5}{\sqrt{n}}\leq m-\overline{X}\leq2.6\times\dfrac{5}{\sqrt{n}}$$

$$\therefore\ |m-\overline{X}|\leq2.6\times\dfrac{5}{\sqrt{n}} \qquad \text{⑦}$$

모평균과 표본평균의 차가 1 이하이어야 하므로

$$2.6\times\dfrac{5}{\sqrt{n}}\leq1,\ \sqrt{n}\geq13$$

$$\therefore\ n\geq169 \qquad \text{⑭}$$

따라서 표본의 크기의 최솟값은 169이다. **⑮**

단계	채점 요소	비율
⑦	$|m-\overline{X}|$의 값의 범위 구하기	45%
⑭	n의 값의 범위 구하기	45%
⑮	표본의 크기의 최솟값 구하기	10%

달 169

345

정규분포 $N(m,\ 4^2)$을 따르는 모집단에서 임의추출한 크기가 n인 표본의 표본평균 $\overline{X}$는 정규분포 $N\!\left(m,\ \left(\dfrac{4}{\sqrt{n}}\right)^2\right)$을 따른다.

$Z=\dfrac{\overline{X}-m}{\dfrac{4}{\sqrt{n}}}$으로 놓으면 Z는 표준정규분포 $N(0,\ 1)$을 따르므로

$$P(|m-\overline{X}|\leq0.82)=P\!\left(\left|\dfrac{\overline{X}-m}{\dfrac{4}{\sqrt{n}}}\right|\leq\dfrac{0.82}{\dfrac{4}{\sqrt{n}}}\right)$$
$$=P(|Z|\leq0.205\times\sqrt{n})\geq0.9$$

이때, $P(0\leq Z\leq1.64)=0.45$에서

$P(|Z|\leq1.64)=0.9$이므로

$$0.205\times\sqrt{n}\geq1.64,\ \sqrt{n}\geq\dfrac{1.64}{0.205}=8 \qquad \therefore\ n\geq64$$

따라서 구하는 n의 최솟값은 64이다. **달** 64

◇ **실력 콕콕** 　　　　　　　　본문 p.68~69

346 ②	**347** ④	**348** ⑤	**349** 64	**350** ④	**351** ①
352 ⑤	**353** 16	**354** ②	**355** ③	**356** ①	**357** 4
358 ③	**359** ③	**360** 98	**361** 71		

346

확률의 총합은 1이므로

$$a+b=\dfrac{3}{4} \qquad\qquad \cdots\cdots\ \text{㉠}$$

크기가 2인 표본을 각각 X_1, X_2라 하면

$$\overline{X}=\dfrac{X_1+X_2}{2}=2$$에서 $X_1+X_2=4$인 경우는

$$X_1=X_2=2$$

즉, $P(\overline{X}=2)=a^2=\dfrac{1}{9}$에서

$$a=\dfrac{1}{3}\ (\because\ a>0)$$

이때, ㉠에서 $b=\dfrac{5}{12}$

한편, $\overline{X}=\dfrac{X_1+X_2}{2}=3$에서 $X_1+X_2=6$인 경우는

$$X_1=2,\ X_2=4\ \text{또는}\ X_1=4,\ X_2=2$$

따라서 구하는 확률은

$$P(\overline{X}=3)=ab+ba=2ab=2\times\dfrac{1}{3}\times\dfrac{5}{12}=\dfrac{5}{18}$$ **달** ②

347

크기가 n인 표본의 표본평균 $\overline{X}$의 분산은

$$V(\overline{X})=\dfrac{4^2}{n}=2$$

$$\therefore\ n=8$$ **달** ④

348

크기가 n인 표본의 표본평균 $\overline{X}$의 표준편차는

$$\sigma(\overline{X})=\frac{14}{\sqrt{n}}=2, \ \sqrt{n}=7$$

$$\therefore n=49$$

답 ⑤

349

$\sigma(\overline{X})=1$이므로

$$\frac{\sigma}{\sqrt{16}}=\frac{\sigma}{4}=1 \qquad \therefore \sigma=4$$

$\mathrm{V}(X)=\sigma^2=16$이므로

$$\mathrm{V}(2X-3)=2^2\mathrm{V}(X)=4\times16=64$$

답 64

350

모집단이 정규분포 $\mathrm{N}\!\left(n, \left(\frac{n}{2}\right)^2\right)$을 따르고 표본의 크기가 64이므로

표본평균 $\overline{X}$는 정규분포 $\mathrm{N}\!\left(n, \left(\frac{n}{16}\right)^2\right)$을 따른다.

이때, $Z=\dfrac{\overline{X}-n}{\frac{n}{16}}$으로 놓으면 Z는 표준정규분포 $\mathrm{N}(0,1)$을 따르므로

$$\mathrm{P}(n\leq\overline{X}\leq34)=\mathrm{P}\!\left(0\leq Z\leq\frac{34-n}{\frac{n}{16}}\right)=\mathrm{P}(0\leq Z\leq1)$$에서

$$\frac{34-n}{\frac{n}{16}}=1, \ n=34\times16-16n$$

$$\therefore n=32$$

답 ④

351

모집단이 정규분포 $\mathrm{N}(m, \sigma^2)$을 따르고 표본의 크기가 4이므로

표본평균 $\overline{X}$는 정규분포 $\mathrm{N}\!\left(m, \left(\frac{\sigma}{2}\right)^2\right)$을 따른다.

이때, $Z=\dfrac{\overline{X}-m}{\frac{\sigma}{2}}$으로 놓으면 Z는 표준정규분포 $\mathrm{N}(0,1)$을 따르므로

$$\begin{aligned}
\mathrm{P}(\overline{X}-m\geq\sigma)&=\mathrm{P}\!\left(\frac{\overline{X}-m}{\frac{\sigma}{2}}\geq\frac{\sigma}{\frac{\sigma}{2}}\right)\\
&=\mathrm{P}(Z\geq2)\\
&=0.5-\mathrm{P}(0\leq Z\leq2)\\
&=0.5-0.4772\\
&=0.0228
\end{aligned}$$

답 ①

352

모집단이 정규분포 $\mathrm{N}(600, 144^2)$을 따르고 표본의 크기가 36이므로

표본평균 $\overline{X}$는 정규분포 $\mathrm{N}\!\left(600, \left(\frac{144}{6}\right)^2\right)$, 즉 $\mathrm{N}(600, 24^2)$을 따른다.

이때, $Z=\dfrac{\overline{X}-600}{24}$으로 놓으면 Z는 표준정규분포 $\mathrm{N}(0,1)$을 따르므로 구하는 확률은

$$\begin{aligned}
\mathrm{P}(576\leq\overline{X}\leq636)&=\mathrm{P}\!\left(\frac{576-600}{24}\leq Z\leq\frac{636-600}{24}\right)\\
&=\mathrm{P}(-1\leq Z\leq1.5)\\
&=\mathrm{P}(0\leq Z\leq1)+\mathrm{P}(0\leq Z\leq1.5)\\
&=0.3413+0.4332\\
&=0.7745
\end{aligned}$$

답 ⑤

353

모집단이 정규분포 $\mathrm{N}(10, 4^2)$을 따르고 표본의 크기가 n이므로

표본평균 $\overline{X}$는 정규분포 $\mathrm{N}\!\left(10, \left(\frac{4}{\sqrt{n}}\right)^2\right)$을 따른다.

$Z=\dfrac{\overline{X}-10}{\frac{4}{\sqrt{n}}}$으로 놓으면 Z는 표준정규분포 $\mathrm{N}(0,1)$을 따르므로

$$\begin{aligned}
\mathrm{P}(\overline{X}\geq12.5)&=\mathrm{P}\!\left(Z\geq\frac{12.5-10}{\frac{4}{\sqrt{n}}}\right)\\
&=\mathrm{P}\!\left(Z\geq\frac{5\sqrt{n}}{8}\right)\leq0.0062 \qquad \cdots\cdots \ \unicode{x24D0}
\end{aligned}$$

이때, $\mathrm{P}(0\leq Z\leq2.5)=0.4938$이므로

$$\mathrm{P}(Z\geq2.5)=0.5-\mathrm{P}(0\leq Z\leq2.5)=0.0062$$

즉, ㉠이 성립하려면

$$\frac{5\sqrt{n}}{8}\geq2.5, \ \sqrt{n}\geq4 \qquad \therefore n\geq16$$

따라서 구하는 자연수 n의 최솟값은 16이다.

답 16

354

모집단이 정규분포 $\mathrm{N}(m, 36^2)$을 따르고 표본의 크기가 n이므로

표본평균 $\overline{X}$는 정규분포 $\mathrm{N}\!\left(m, \left(\frac{36}{\sqrt{n}}\right)^2\right)$을 따른다.

$Z=\dfrac{\overline{X}-m}{\frac{36}{\sqrt{n}}}$으로 놓으면 Z는 표준정규분포 $\mathrm{N}(0,1)$을 따르므로

$$\mathrm{P}(|m-\overline{X}|\leq8)=\mathrm{P}(m-8\leq\overline{X}\leq m+8)=0.95$$에서

$$\begin{aligned}
\mathrm{P}\!\left(\frac{-8}{\frac{36}{\sqrt{n}}}\leq Z\leq\frac{8}{\frac{36}{\sqrt{n}}}\right)&=\mathrm{P}\!\left(-\frac{2\sqrt{n}}{9}\leq Z\leq\frac{2\sqrt{n}}{9}\right)\\
&=2\mathrm{P}\!\left(0\leq Z\leq\frac{2\sqrt{n}}{9}\right)=0.95
\end{aligned}$$

$$\therefore \mathrm{P}\!\left(0\leq Z\leq\frac{2\sqrt{n}}{9}\right)=0.475$$

이때, $\mathrm{P}(|Z|\leq2)=0.95$에서 $\mathrm{P}(0\leq Z\leq2)=0.475$이므로

$$\frac{2\sqrt{n}}{9}=2, \ \sqrt{n}=9$$

$$\therefore n=81$$

답 ②

355

표본평균이 154, 모표준편차가 12, 표본의 크기가 64이므로 이 과수원에서 생산되는 사과 전체의 평균 무게, 즉 모평균 m의 신뢰도 99 %의 신뢰구간은

$$154-2.58\times\frac{12}{\sqrt{64}}\leq m\leq154+2.58\times\frac{12}{\sqrt{64}}$$

$$\therefore 150.13\leq m\leq157.87$$

따라서 신뢰구간에 속하는 자연수는 151, 152, 153, $\cdots$, 157의 7개이다.

답 ③

356

모표준편차가 10이고 표본의 크기가 n이므로 표본평균 $\overline{X}$의 값을 $\overline{x}$라 하면 모평균 m의 신뢰도 95 %의 신뢰구간은

$$\overline{x}-1.96\times\frac{10}{\sqrt{n}}\leq m\leq \overline{x}+1.96\times\frac{10}{\sqrt{n}}$$

이때, $38.08\leq m\leq 45.92$이므로

$$\overline{x}-1.96\times\frac{10}{\sqrt{n}}=38.08 \qquad \cdots\cdots ㉠$$

$$\overline{x}+1.96\times\frac{10}{\sqrt{n}}=45.92 \qquad \cdots\cdots ㉡$$

㉡에서 ㉠을 빼면

$$2\times 1.96\times\frac{10}{\sqrt{n}}=7.84,\ \sqrt{n}=5$$

$$\therefore n=25$$

답 ①

357

m_1의 신뢰도 95 %의 신뢰구간의 길이는

$$l_1=2\times 1.96\times\frac{\sigma}{\sqrt{n}}$$

m_2의 신뢰도 95 %의 신뢰구간의 길이는

$$l_2=2\times 1.96\times\frac{\dfrac{\sigma}{2}}{\sqrt{4n}}=2\times 1.96\times\frac{\sigma}{4\sqrt{n}}$$

$$\therefore \frac{l_1}{l_2}=4$$

보충 설명

정규분포 $N(m,\ \sigma^2)$을 따르는 모집단에서 크기가 n인 표본을 임의추출할 때, 표본평균 $\overline{X}$의 값을 $\overline{x}$라 하면 모평균 m의 신뢰도 95 %의 신뢰구간은

$$\overline{x}-1.96\frac{\sigma}{\sqrt{n}}\leq m\leq \overline{x}+1.96\frac{\sigma}{\sqrt{n}}$$

신뢰구간의 길이는

$$\overline{x}+1.96\frac{\sigma}{\sqrt{n}}\ -\left(\overline{x}-1.96\frac{\sigma}{\sqrt{n}}\right)=2\times 1.96\frac{\sigma}{\sqrt{n}}$$

답 4

358

모표준편차가 10이고 표본의 크기가 n이므로 모평균 m의 신뢰도 95 %의 신뢰구간의 길이는

$$2\times 1.96\times\frac{10}{\sqrt{n}}=\frac{39.2}{\sqrt{n}}$$

이때, 신뢰구간의 길이가 4.9 이하가 되려면

$$\frac{39.2}{\sqrt{n}}\leq 4.9,\ \sqrt{n}\geq 8 \qquad \therefore n\geq 64$$

따라서 구하는 n의 최솟값은 64이다.

답 ③

359

신뢰도 α %에 대하여 $P(|Z|\leq k)=\dfrac{\alpha}{100}$라 하면 표본의 크기가 n일 때, 신뢰구간의 길이는 $2k\dfrac{\sigma}{\sqrt{n}}$이다.

ㄱ. 표본의 크기가 일정할 때, 신뢰도를 높게 하면 k의 값이 커지므로 신뢰구간의 길이가 길어진다. (참)

ㄴ. 신뢰도가 일정할 때, 표본의 크기 n의 값을 크게 하면 신뢰구간의 길이는 짧아진다. (참)

ㄷ. 신뢰도가 일정할 때, 신뢰구간의 길이를 $2k\dfrac{\sigma}{\sqrt{n}}=l$이라 하자.

표본의 크기를 2배 하면

$$2k\frac{\sigma}{\sqrt{2n}}=\frac{1}{\sqrt{2}}\times 2k\frac{\sigma}{\sqrt{n}}=\frac{1}{\sqrt{2}}l$$

이므로 신뢰구간의 길이는 $\dfrac{1}{\sqrt{2}}$배가 된다. (거짓)

따라서 옳은 것은 ㄱ, ㄴ이다.

답 ③

360

$P(|Z|\leq k)=\dfrac{\alpha}{100}$라 하면 모표준편차가 10, 표본의 크기가 25이므로

$$2\times k\times\frac{10}{\sqrt{25}}=10 \qquad \therefore k=2.5$$

㉮

이때, $P(0\leq Z\leq 2.5)=0.49$이므로 $P(|Z|\leq 2.5)=2\times 0.49=0.98$

$$\therefore \alpha=0.98\times 100=98$$

㉯

단계	채점 요소	비율
㉮	$P(|Z|\leq k)=\dfrac{\alpha}{100}$라 할 때, k의 값 구하기	60%
㉯	α의 값 구하기	40%

답 98

361

모집단이 정규분포 $N(m,\ 1.2^2)$을 따르고 표본의 크기가 n인 표본을 임의추출하여 추정한 모평균 m의 신뢰도 95 %의 신뢰구간의 길이는

$$b-a=2\times 1.96\times\frac{1.2}{\sqrt{n}}$$

이때, $b-a\leq 0.56$에서

$$2\times 1.96\times\frac{1.2}{\sqrt{n}}\leq 0.56,\ \sqrt{n}\geq 8.4$$

$$\therefore n\geq (8.4)^2=70.56$$

㉮

따라서 구하는 자연수 n의 최솟값은 71이다.

㉯

단계	채점 요소	비율
㉮	n의 값의 범위 구하기	70%
㉯	자연수 n의 최솟값 구하기	30%

답 71

MEMO

MEMO

MEMO

MEMO

MEMO

新 수학의 바이블 유형서
B
O
B
밥